How to Stop Worrying and Start Living

人性的優點

當你懂得欣賞別人，你才真正高人一等

（美）戴爾·卡內基－著
Dale Carnegie
趙雅琪——編譯

崧燁文化

對於那些邁向成熟的人來說，他們勇於承擔自己行為的後果。
強調自己的優勢，培養優點，克服弱點，如此才能不斷進步並自我實踐。

目錄

第4章　平安快樂有祕訣

前言

戴爾·卡內基是美國現代成人教育之父，20世紀最偉大的人生導師、成功學大師和公共關係學家。1881年11月24日，卡內基出生在美國密蘇里州一個貧窮的農民家庭，1955年11月1日逝世，終年67歲。

卡內基曾經是一名推銷員，但他為了賺取生活費，又到夜校教公開演講課。他的公開演說，不僅講解演說術的歷史和演說的原理，更主要的是採取啟發式，由他和學員們共同參與實施，專門設計以實際的經驗來訓練人思考。

卡內基在此教學期間，他對人性問題進行了深入研究，對人類共同的心理特點進行了探索和分析，在此基礎上開創了全新的成人教育領域，主要包括為人處世、人際關係、智力開發、口才演講、成功推銷等問題，並創立了自己的成人教育機構傳授這些全新的知識。

卡內基的成人教育是一套系統而完善的實戰經驗，操作非常簡單而易懂，能夠迅速幫助人走向成功。他的成功主要展現在能夠幫助人們在處世上獲得自尊、自重、自信和勇氣，在事業上能夠克服人性的弱點、發揮人性的優點、開發自我的潛能，使人們不斷自我激勵並建功立業，實現人生的價值和快樂的人生。

成人教育這個職業使卡內基蜚聲世界，他獨創的教學方法使他事業蒸蒸日上，他創立的成人教育機構遍布世界各地，多達二千所，能夠接受這種教育的，不僅有名星巨商，也有軍政要人、內閣成員，甚至還有幾位總統，人數多達幾千萬，影響了20世紀幾代人的成長。

卡內基根據自己的研究和教學，寫作了《人性的光輝》、《人性的弱點》、《美好的人生》、《偉大的人物》、《人性的優點》、《語言的突破》、《寫給女人的忠告》等著作。

《人性的光輝》是卡內基最感人的著作。他以其感人至深的筆觸，描述了美國史上最偉大總統、美國同胞心目中第一人林肯這位平民總統具有傳奇色彩的一生，使一個神情憂鬱、百折不撓、品德高尚、滿懷仁慈之心的林肯形象在我們面前呼之欲出，簡直栩栩如生。

《人性的弱點》彙集了卡內基的思想精華和最激動人心的內容，是作者最成功的勵志經典，出版後獲得了廣大讀者歡迎，成為西方世界最持久的人文暢銷書。無數讀者透過閱讀和實踐書中介紹的各種方法，不僅走出了困境，有的還成為世人仰慕的傑出人士。只要不斷研讀本書，發掘自己無窮潛力，定會創造輝煌的人生。

《美好的人生》是卡內基代表作之一，它教人們怎樣用智慧經營人生。作品以簡單明瞭的道理結合生動真實的具體事例，告訴我們怎樣經營家庭生活，怎樣減輕人生壓力，如何增強交際能力，如何與人和睦相處等，從而獲得美好生活。這是一本關於幸福的書！是通往美好人生路的導航燈！

《偉大的人物》在所有成功勵志書籍中，是最有力量的讀本。作品寫到了愛因斯坦、甘地、邱吉爾、哥倫布、莎士比亞、迪士尼、海倫·凱勒等世界名人，永遠塑造和影響著我們的生活經卡內基的精彩描述，他們的奮鬥精神十分耐人尋味。

《人性的優點》是卡內基一生中最重要、最生動的人生經驗彙集，也是一本記錄成千上萬人如何擺脫心理問題並走向成功的實例彙集。本書被譽為「克服憂慮獲得成功的必讀書」和「世界勵志聖經」。這本充滿智慧和力量的作品能讓你了解自己，相信自己，充分開發蘊藏在身心裡而尚未利用的財富，並發揮人性的優點，去開拓成功幸福的新生活之路。

《語言的突破》是卡內基的成名作，長期以來作為「卡內基公開演講與人際關係課程」的主要教科書之一，被廣泛應用，成為卡內基最暢銷的著作之一。作品所闡述的演講模式，融合了公開演說術、推銷術、心理學和商業談判技巧等，指導人們如何克服畏懼，建立自信，順乎自然地發揮潛在智慧，在各種場合下發表恰當的談話，從而獲得人生和商業上的成功。

《寫給女人的忠告》講述了許多鮮活生動的事例，並以獨特視角，分析了女性認識自我、完善人格、提升魅力需具備的諸多要素，並從魅力、能力、心態、交際、情感、財商六個角度總結出成就女人一生幸福的方法和原則。作品以睿智的筆觸，為女性締造成熟之美、塑造氣質之美、點燃魅力之燈、擷取幸福之花，提供了切實可行的人生指導和精神啟迪。

這些作品是卡內基哲學思想的集中展現，自問世以來，強烈震撼著人們的靈魂，一直在全球暢銷不衰，激勵著千千萬萬的人們不斷成功！

美國《紐約時報》報導說：「在世界出版史上，沒有任何一本書能像卡內基的著作那樣持久地深入人心，也唯有卡內基的書，才能在他辭世半個世紀以後，還能占據我們的排行榜。」

美國總統甘迺迪曾經說過：「卡內基留給我們的不僅僅是幾本書和一所學校，其真正的價值是：他把個人的成功傳授給了每一個想出人頭地的年輕人。」

第1章 培養快樂的心理

當你飽受各種煩惱困擾，整個人的精神都緊張不安的時候，我想告訴你的是，你完全可以憑藉自己的意志力來改變你的心境，使自己快樂起來。

其實，我們內心的平靜，和我們由生活所得到的快樂，並不在於我們在哪裡、我們有什麼，或者我們是什麼人，而只在於我們的心境如何，心境與外在的條件關係並不相同。

我們或許不能像聖人般去愛我們的仇人，可是為了我們自己的健康和快樂，我們至少要原諒他們，忘記他們，這樣做才是聰明之舉。

因為別人都忘恩負義，因為孤獨，因為被人疏忽而生病，他們渴望得到愛。但是在這世上真正能得到愛的唯一方式，不是索求，更不是乞求，而是無私地付出，無怨無悔地付出。

叔本華說：「我們很少想我們已經擁有的，而總是想到我們所沒有的。這種傾向實在是世界上最令人不幸的事情之一，它所造成的痛苦可能比歷史上所有的戰爭和疾病要多得多。」

快樂就在自己心中

有一次，我應邀參加一個電台的廣播節目，他們向我提了一個問題：「你所學到的最重要一課是什麼？」

這不難回答，我所學到的最重要一課——人的思想的重要性。只要知道你在想些什麼，就知道你是怎樣的一個人，因為每個人的特性都是由思想支配的。每個人的命運，完全決定於他的心理狀態。愛默生說：「人是思想的產物……他不可能是別的樣子。」

我很清楚，我們所必須面對的最大問題——事實上可以算是我們必須應付的唯一問題——是選擇正確的思想。如果我們能做到這一點，所有的問題就會迎刃而解。

統治羅馬的皇帝馬可·奧理略不但是位傑出的領導者，而且還是一位偉大的哲學家，他用一句話進行了總結：「思想決定一生。」這是一句能夠決定命運的精闢見解。

假若我們想的都是快樂的念頭，我們就能快樂；假若我們想的都是悲傷的事情，我們就會悲傷；假若我們想到一些可怕的情況，我們就會害怕；假若我們想的是恐懼的念頭，我們必定就會恐懼了；假若我們想的是失敗，我們就會失敗；如果我們沉浸在自憐裡，大家都會有意躲開我們。諾曼·文生·皮爾說：「你並不是你所認為的那樣，但你卻是你所想的那樣。」

我並不是暗示你對於所有的困難都必須採取樂觀的態度。不是的，人生還不至於如此單純。不過，我卻鼓勵大家要有一個正確的態度，而不應有陰暗的心理。換句話說，我們必須關注我們的問題，但絕不能憂慮。

關注和憂慮之間的分別是什麼呢？讓我再說清楚一點。每一次我要通過交通擁擠的紐約市街時，我就會全神貫注——可是並不會憂慮。關注的意思就是要了解問題在哪裡，然後很鎮定地採取各種步驟去加以解決，而憂慮卻是在封閉的圈子裡徘徊。

一個人可能正面臨很嚴峻的問題，但此時並不妨礙他昂首闊步，正常度日。我的朋友羅威爾·托馬斯就是這樣做的。有一次，我協助羅威爾·托馬斯拍攝一部由他主演的關於艾倫比和勞倫斯在第一次世界大戰中出征的著名影片。他和幾名助手在好幾處戰事前線拍攝了戰爭的鏡頭，最精彩的是他們用影片記錄了勞倫斯和他那支多彩多姿的阿拉伯軍隊，也記錄了艾倫比征服聖地的經過。他那個穿插在電影中著名的演講——「巴勒斯坦的艾倫比與阿拉伯的勞倫斯」，在倫敦和全世界都大為轟動。倫敦的歌劇節因此延後了6個星期，讓他在卡文花園皇家歌劇院繼續講這些冒險故事，並放映他的影片。他在倫敦獲得盛大成功之後，又旅遊了幾個周邊國家。然後又花了兩年的時間，拍攝一部在印度和阿富汗生活的紀錄影片。在此期間，他碰到了一連串的霉運，而且，可怕的事情發生了：他發現自己破產了。

當時，我正好和他在一起，我還記得，那時候我們不得不去吃很便宜的食物。最後，一位蘇格蘭人，也是一位知名的作家——詹姆士·麥克貝，借給托馬斯一點錢，才使他勉強度過難關。

當羅威爾·托馬斯面臨龐大的債務以及極度失望的時候，他很傷心，可是並不憂慮。他知道，如果他被霉運弄得垂頭喪氣的話，他在人們眼裡就會一文不值了，尤其是對於他的債權人。所以他每天早上出去辦事之前，都要買一朵花插在衣襟上，然後昂首走上牛津街。正因為他有這種積極進取的思想，不讓挫折把他擊倒，最後才能反敗為勝。對他來說，挫折是人生的 部分，是你要爬到高峰所必須經過的有益磨練。

每個人的精神狀態，對他的身體和力量都有著令人難以置信的影響。著名英國心理學家哈德菲爾德在他的《力量心理學》裡，對這件事進行了闡述。儘管那本書只有54頁，但卻非常了不起。「我請來3個人，」他寫道，「以便實驗生理受心理的影響。我們以握力計來度量。我要他們在3種不同情況下，盡全力抓緊握力計。」

在一般的清醒狀態下，他們平均的握力是１０７磅。

第二次實驗則對他們催眠，並告訴他們，他們非常虛弱。結果，他們的握力下降到29磅——還不到他們正常力量的三分之一。

第三次的實驗，哈德菲爾德把他們催眠之後，告訴他們說他們非常強壯。結果，他們的握力平均達到１４２磅。

這就是精神的力量！當他們在思想上認定自己有力量之後，他們的力量幾乎增加了50%。

還有一個發生在美國內戰結束時的故事，更能說明思想的魔力。這個故事足夠寫一本大書，不過我只在此簡述一下。

10月的一個夜晚，內戰剛剛結束，一個無家可歸的女人在街上茫然地遊蕩。她晃到一家門前，舉手敲門。

來開門的是一位退休船長的太太——韋伯斯特太太。她看到這個可憐的瘦小女人，很疑惑。陌生女人解釋說，她正在找個落腳處歇下來，思考並解決一直在困擾她的問題。

韋伯斯特太太說道：「我想你可以留在我這裡，反正我也是一個人住。」

後來，韋伯斯特太太的女婿從紐約來這裡渡假，發現了這個女人，當即咆哮說：「我可不要一個無賴住在家裡！」他把這個無家可歸的女人趕出門去。

這個故事的特別之處就在於，被韋伯斯特太太的女婿趕出去的「無賴」，後來竟成為世界上極具思想影響力的一位女性——瑪麗·貝克·艾迪，她開創了基督科學教派，擁有幾百萬信徒。

那時的瑪麗·貝克·艾迪的生命中只有不幸、疾病和愁苦。她的第一任丈夫在婚後不久就去世了。她的第二任丈夫拋棄了她，和一個已婚婦人私奔了，後來死在一個貧民收容所裡。她只有一個兒子，卻由於貧病交加，不得不在他4歲那年把他送給了別人，以後他們母子再也沒有見過面。

她由於健康情形不好，所以一直對所謂的「信心治療法」極感興趣。可是她生命中戲劇化的轉折點，卻發生在麻省的林恩市。那是一個很冷的日子，她在城裡走著的時候，突然滑倒了，摔倒在結冰的路面上，而且昏了過去。被送到醫院後，她就再也沒有站起來。她的脊椎受到了損傷，引起全身痙攣，醫生也認為她活不久了。醫生還說，即使奇蹟出現，她也絕對無法再行走了。

被醫生判了死刑的瑪麗躺在床上，打開了《聖經》，她認為是受到聖靈的指引。她讀到書裡的句子：「有人用擔架抬著一個癱瘓的人來到耶穌面前，耶穌對癱瘓的人說：孩子，放心吧，你的罪赦免了……起來，拿著你的褥子回家去吧。那人就站起來，回家去了。」

她後來說，耶穌的這幾句話使她產生了一種力量、一種信仰，一種能夠醫治她的力量，使她「立刻下了床，開始行走」。

瑪麗說：「那次的經歷，就像引發牛頓靈感的那個蘋果一樣，在讀了那幾句話後，我身上的血液瞬間貫通，雙腿充滿了力量，我下床即能行走……我可以很有信心地說：一切的原因就在於你的思想，而一切的影響力都是心理現象。」

可能有人會在心裡說：「這個傢伙是在替基督教信心治療法傳道。」不是的，你錯了！我並不是這個教派的信徒。只是我活得越久，越深信思想的力量。這是我從事成人教育35年的經驗之談。

男人和女人都能夠消除憂慮、恐懼和很多種疾病，只要改變自己的想法，就能改變自己的生活。請大家相信，我親眼見過好幾百次這一類的轉變，因為我看得太多了，所以我深信不疑，繼而再向你推薦。

其實，我們內心的平靜，和我們由生活所得到的快樂，並不在於我們在哪裡、我們有什麼，或者我們是什麼人，而只在於我們的心境如何。心境與外在的條件關係並不相同。

思想的力量絕對可以改變一個人的世界，請相信我，因為我的一個學員就曾因過度憂慮而導致精神崩潰。這位學員告訴我：

我每天生活在擔心中，擔心自己營養不良，擔心自己臉上長癬，擔心永遠沒錢成家。我想我當不了一位好父親，我怕失去我想娶的女孩，我擔心沒有一個女孩願意為我生孩子，我擔心別人對我的印象。我憂慮，因為怕自己得了心臟病，不得不辭職在家休養。

我在內心不斷為自己施加壓力，像個受壓的氣球，壓力達到無法承受時就會爆炸開來。如果你精神崩潰過，一定能體會到那種感覺。希望你永遠沒有過。任何生理上的病痛都無法與心理痛苦相提並論。

情況越來越糟，我無法與家人溝通，無法控制自己的思緒。我的內心充滿了恐懼，一點點小聲音都能令我驚跳起來。我逃避所有的人。無緣無故，我就可以號啕痛哭一場。活著簡直就是一種煎熬，我覺得所有人都不喜歡我、不在意我，唯有死去才能解脫。

後來，我想換個環境也許會好些，於是我登上了去往佛羅里達州的火車。上車前，我父親交給我一封信，告訴我到了那裡才能打開來看。佛羅里達州那時正值觀光旺季。由於訂不到旅館的房間，我就租了個房車，然後到邁阿密去找工作，但沒有找到合適的。

於是，我就成天在海灘上消磨時間，心情比在家裡的時候還要糟。我打開信封看看爸爸說些什麼。紙條上寫著：「孩子，你已經置於一個全新的環境，但還是原來的老樣子，沒有什麼改變，對不對？知道為什麼嗎？因為你把你的煩惱帶去了，那煩惱就是你自己。你的身心都健全，打敗你的不是你所遭遇的各種狀況，而是你對這些狀況的想法。一個人的想法可以決定一個人的一切。如果你能夠想明白這一點，就可以回來了，因為你已經恢復正常。」

看完父親的信我十分惱火，我要的是關心呵護，不是什麼指示。我氣得當下就決定不再回家。當晚我在邁阿密街頭晃蕩時，經過一座教堂，裡面正在做彌撒。我信步走進去，正好聽到有人念道：「戰勝自己的心靈比攻占一座城市還要偉大。」

我慢慢坐下來，聽著這同父親信上寫的一樣的道理，力量，使我終於掃除了心中的一些困擾。這一生我第一次神清氣明。我發現自己愚不可及。認清了自己，使我吃了一驚。原來我一直想改變整個世界，整個人類，其實我的想法才是唯一需要改變的。

第二天一大早，我就坐上火車，打道回府了。一個星期後，我回到了工作職位上。4個月後，我娶了那位我一直擔心失去的女孩，現在我們已經有5個孩子了。我獲得了物質與精神方面的雙豐收。狀態不佳的那段時間，我擔任晚班工頭，帶領只有18個人的小部門。現在，我在卡通公司任主管，轄有四百多名員工。人生越來越充實、美好，我找到了人生的真諦。雖然偶爾也會有平常人都會有的不安情緒，但我已能很好地去調適，讓一切風平浪靜。

我很慶幸自己有過崩潰的經歷，因為那次的痛苦使我發現思想的力量比身體的力量龐大得多。現在我有辦法運用思想的力量，而不是受它所害。當然我也得承認我父親是對的，他的那封信說的一點都沒錯。

聽完這位學員的故事我現在深信不疑，我們由人生體會到的心靈的平安與喜樂，不是因為我們身處何處，或在從事什麼，或我們是誰，完全只是由我們的心理態度所決定，外在的環境影響是非常有限的。

讓我們以老約翰．布朗為例。他因強占軍工廠並且煽動奴隸叛亂而被判絞刑。他坐在自己的棺木上被送往刑場。在他旁邊的警長很緊張，布朗卻極為平靜，看著維吉尼亞州崇山峻嶺襯著藍天，他說：「如此壯美的國家，我還從未這麼真切地觀看過。」

再以第一位抵達南極的英國人史考特先生為例。他們從南極返回的途中遭遇了難以想像的艱難險阻，不僅斷了糧，缺少燃料，而且吹過極地的狂風已肆虐了好幾個晝夜——這風威力強大到可以切斷南極冰崖。史考特一行人知道他們已無活路，他們先準備了一些鴉片，以防萬一。因為一劑鴉片就可以叫大家躺下，進入夢鄉，不再甦醒。可是他們沒有這麼做，反而是在歡唱中去世。8 個月後，一個搜索隊找到了他們，並從冰凍的遺體上發現了一封告別書，其中有一段是這樣寫的：「如果我們擁有勇氣和平靜的思想，我們就能坐在自己的棺木上悠然欣賞風景，在飢寒交迫時猶能歡唱。」三百年前，失明的米爾頓也發現了同樣的真理：「思想的運用和思想的本身，就能把地獄造成天堂，把天堂變成地獄。」拿破崙與海倫．凱勒都是米爾頓的最佳詮釋者。拿破崙擁有一般人所追求的一切——榮耀、權力、財富，可他卻說：「在我的生命中，找不到一天快樂的日子。」而海倫．凱勒，儘管又瞎、又聾、又啞，卻表示：「我發現生命是這樣的美好。」活了大半生，我最大的收穫就是：「除了你自己，沒有別的什麼人可以帶給你平靜。」愛默生在他那篇〈自我信賴〉的散文裡說：「不要認為一次政治上的勝利，收入的增加，病體的康復，或是久別好友的歸來，或是什麼其他純粹外在的事物，就能提高你的興致，讓你覺得你眼前有很多的好日子，事情絕不會是這樣的。能為你帶來平靜的，只能是你自己。」我永遠不能忘懷這句話。偉大的斯多葛學派哲學家愛比克泰德曾警告我們說：「我們應該極力消除思想中的錯誤想法，這比割除『身體上的腫瘤和膿瘡』重要得多。」奇妙的是，愛比克泰德在19個世紀之前說的話，卻得到了現代醫學的首肯。坎貝·羅賓森醫生說，約翰霍普金斯醫院所收容的病人裡，大約有五分之四都是由於情緒緊張和壓力過大引起的，甚至一些生理器官的病例也是如此。他解釋說，產生這種病症的原因，歸根結柢，都是生活及其矛盾的難以協調。法國偉大哲學家蒙田的座右銘是：「一個人因發生的事情所受到的傷害，比不上因他對發生事情所擁有的意見來得深。」而我們對所發生的一切事物的意見，完全是看我們自己怎樣來決定。

實用心理學大師威廉·詹姆士也曾有過這樣的心得：「感覺似乎永遠在行動之前。其實行動與感覺是並行的，多以意志控制行動，也能間接控制感覺。」

具體來說，就是我們雖然不能一下決心就立即改變情緒，但是我們確實可以做到改變行動。行動改變了，感覺自然也就改變了。

他的解釋是：「在你不開心的時候，唯一可以改變的方法是開心地坐直身體，並裝作很開心的樣子說話及行動。」

你不相信這種方法會有效嗎？那你可以一試。先在你的臉上堆起一個大大的真正的微笑，放鬆肩膀，深吸一口氣，再好好地唱首歌。要是不會唱，就吹口哨；吹口哨也不會，就哼唱。很快的，你就會明白威廉．詹姆士的意思——如果你的行為注定是快樂的，你在心理上就不會再留有憂傷、痛苦。

這點小小的基本真理可以為我們的人生帶來奇蹟。

恩格勒特先生就是這個真理的受益者之一。恩格勒特先生得了猩紅熱，康復後，卻發現自己又得了腎炎。為了醫好病，他走訪了許多名醫，連偏方都試過，但仍未醫好。不久，他又得了一種併發症，血壓開始上升。醫生告訴他，他的血壓已上升到214。

聽了醫生的話，我開始為自己安排後事。我查了我的保險都還有效，然後向上帝懺悔我以前所犯的各種錯誤，坐下來很難過地默默沉思。我把全家每個人都弄得不痛快。過了一個星期自怨自艾的日子後，我對自己說：「你簡直像個傻瓜！你可能一時半會還死不了，幹嘛不讓眼前的日子好過點？」

我展開眉頭，使嘴角上露出笑意，做出輕鬆的姿態。我得承認開始都是裝出來的，不過我一直強迫自己開心。結果不但對我家人有益，更幫助了我自己。

我發現我的情緒漸漸地在向假裝出來的樣子靠攏，而且情況越來越好，直到今天——過了我的死期很長時間了，我不但開心、健康、活著，連血壓也下降了！我能確定的一件事是：如果我一直想著我快死了的話，一定會像醫生預測的那樣必死無疑。然而我創造了奇蹟。我能活下來，完全是因為我的心態改變了。

是啊，如果只要過得開心積極，就能救回這個人的生命，我們何必還要為一點芝麻小事去煩躁呢？如果只要過得開心就能創造快樂，又何必讓自己及周圍的人難過呢？

我很欣賞威廉·詹姆士的一句話：「……通常，只要把受苦者內心的感覺由恐懼改成奮鬥，就能把我們身上所謂的邪惡改變為對你有幫助的優點。」

讓我們為我們的快樂而奮鬥吧！

有一個能使你產生快樂的富有建設性的計畫，名字叫做「只為今天」。我認為這種計畫非常有效，所以複印了好幾千份送給別人。這是已故的西貝兒·派屈吉寫的。如果我們能夠照著做，就能消除大部分的憂慮，而大量地增加「生活上的快樂」。

只為今天

只為今天，我要很快樂。如果林肯所說的「只要下定決心，我們都能很快樂」這句話是對的，那麼快樂就是來自內心，而不是由外在環境決定的。

只為今天，我要自然地適應一切，而不是為了自己的欲望而去調整世界。試著調整一切，我要以這種態度接受我的家庭、我的事業和我的命運。

只為今天，我要愛護我的身體。我要加強鍛鍊，珍惜照顧它，不損傷它、不忽視它，使它能成為我爭取成功的好基礎。

只為今天，我要豐富我的思想。我要學一些有用的東西，我絕不再做一個胡思亂想的人。我要讀一些有品味、有深度、耐人尋味的書。

只為今天，我要用3件事來考驗我的靈魂：我要為別人做一件好事，但不要讓人家知道；我還要做兩件我並不想做的事，而這樣做的目的就像威廉·詹姆士所說的那樣，只為了鍛鍊。

只為今天，我要做個討人歡喜的人，外表要莊重大方，衣著要美觀得體，說話低聲，行動優雅，不在乎別人的毀譽。對任何事都不挑毛病，也不干涉或教訓別人。

只為今天，我要試著只考慮怎麼度過今天，而不把我一生的問題都在一次解決。因為，我雖能連續一整天做一件事，但若要我一輩子都這樣做下去的話，可能會使我喪失興趣。

只為今天，我要訂一個計畫。我要寫下每個鐘點該做些什麼事，也許我不會完全照著做，但還要訂下這個計畫，這樣至少可以免除過分倉促和猶豫不決的缺點。

只為今天，我要每天為自己留下安靜的半個鐘頭，輕鬆一番。在這半個鐘頭裡，我要想到上帝會使我的生命中更加充滿希望。

只為今天，我要無所畏懼。尤其是，我不怕更快樂，我欣賞並享受人生的美好；我不怕失去愛人，相信我愛的人亦愛我。

不要總是心存報復

有一天晚上，我去黃石公園想觀看森林殺手灰熊。我坐在森林對面的露天座位上，旁邊坐滿了其他跟我有一樣想法的觀眾。騎在馬上的森林管理員告訴我們：大灰熊大概能夠擊倒西方所有的動物，除了美洲野牛及阿拉斯加熊。

但那天晚上，當灰熊走到森林旅館丟出的垃圾中去翻找食物時，我卻發現有一隻小動物——只有一隻，那隻大灰熊不但讓牠從森林裡出來，並且和牠在燈光下一起共食。那是一隻臭鼬。大灰熊知道，牠的巨掌完全可以一掌就把這隻臭鼬毀掉。可是牠為什麼不那樣做呢？因為牠從自己的經驗裡意識到那樣做不划算。

我也發現了這個道理。當我還是個孩子的時候，曾經在密蘇里州的農莊中抓過四隻腳的臭鼬；長大成人後，我在紐約的街上也碰到過幾隻兩隻腳的「臭鼬」。我從這些不幸的經驗裡發現：無論招惹哪一種臭鼬，都得不償失。

當我們恨我們的仇人時，就等於給了他們制勝的力量，給他機會來妨礙我們的睡眠，影響我們的胃口，使我們的血壓增高，使我們憂慮，讓我們的健康受損。要是我們的仇人知道他們如何令我們擔心，令我們苦惱，令我們一心報復的話，他們一定會高興得手舞足蹈。

記住：憎恨根本傷不了對方一根毫毛，相反，卻能把自己的日子弄成煉獄。

有人這樣說過：「要是自私的人想占你的便宜，就不要去理會他們，更不要想著去報復。當你想跟他扯平的時候，你對自己的傷害絕對比對別人的傷害大得多……。」

這段話聽起來像是哪位理想主義者的傑作，其實不然，這段話出自一份由紐約警察局發出的通告上。

你可能不明白報復為什麼能傷害到自己，根據《生活》雜誌的報導，報復甚至會損害你的健康。「高血壓患者主要的特徵就是容易憤慨，」《生活》雜誌說，「長期的憤怒容易引發持續性的高血壓和心臟病。」

現在你該明白耶穌所謂「愛你的仇人」，不只是一種道德上的教訓，而且是在宣揚一種20世紀的醫學。在耶穌說「要原諒他們70個7次」的時候，他是在教我們怎樣避免高血壓、心臟病、胃潰瘍和許多其他的疾病。

我的一個朋友因心臟病住進醫院後，他的醫生給他的唯一忠告是：無論在什麼樣的情況下，都不要生氣。醫生說，心臟衰弱的人，一發脾氣就可能送掉性命。

耶穌在說「愛你的仇人」的同時，也是在告訴我們怎樣改進我們的外表。我見過，相信你也見過有一些人因為怨恨而有皺紋，因為悔恨而使臉色難看、表情僵硬，不管怎麼美容都難以改變。其實，只要他們心中多一點寬容，多一點愛，臉上馬上就能生動美麗起來。這種仇視的心理還會影響我們的食慾，《聖經》裡說：「懷著愛心吃菜，也比懷著怨恨吃牛肉好得多。」

也許「愛你的仇人」你很難辦到，但至少我們要愛我們自己。我們要使仇人不能控制我們的快樂、我們的健康和我們的外表。就如莎士比亞所說：「不要因為你的敵人而燃起一把怒火，將你自己燒傷。」

當耶穌要求我們原諒仇人70個7次時，他也在談生意。舉例來說，我桌上正有一封瑞典烏普薩拉的喬治·羅納先生的來信。幾年來，他一直在維也納從事律師工作。回到瑞典後，由於經濟緊張，他急需工作賺錢。因為他能說多種語言，所以他想找一家進出口公司任職文書。大多數公司都回信說因為戰爭的緣故，他們目前不需要這種服務，但他們會保留他的資料等。其中有一個人卻回信給羅納說：「我真懷疑你是不是沒長腦子，你聽誰說的我們公司需要文書？即使我真的需要，我也不會僱用你。你不但連瑞典文字都寫不好，而且寫信的水準也低得很，簡直錯誤連篇。」

羅納收到這封回信時覺得受到了莫大侮辱。那個人竟然說他不懂瑞典話，真是忍無可忍。於是羅納寫了一封足夠氣死對方的信。信寫完後，他停下來想了一下，對自己說：「等等，我怎麼知道這個人不對呀？沒錯，我是學過瑞典文，但那並非我的母語，有些錯誤我可能根本不了解。要是那樣的話，我還需要進一步學習。這個人雖然說話難聽，但他說的也許是對的，我想我應該寫一封信感謝他提醒我找到了自己的不足。」

羅納把剛寫好的信撕掉，重新寫了一封：「你根本不需要文書員，還不厭其煩地回信給我，我非常感動。我對貴公司判斷錯誤，實在很抱歉。我寫那封信，是因為我查詢時別人告訴我你是這一行的領袖。我不知道我的信犯了文法上的錯誤，我很慚愧，再次向你表示歉意，我會努力學好瑞典文，盡量彌補不足。我真心感謝你給我的提醒。」

幾天後，羅納收到回信，對方請他去辦公室面談。羅納如約前往，並得到了那份工作。「以柔和驅退憤怒」，就是羅納找到的好方法。

我們或許不能像聖人般去愛我們的仇人，可是為了我們自己的健康和快樂，我們至少要原諒他們，忘記他們。這樣做才是聰明之舉。

有一次，我問艾森豪將軍的兒子約翰，他父親會不會一直懷恨別人。「不會，」他回答，「我父親才不會浪費時間去想那些他不喜歡的人。」

有句俗話說得好：不會生氣的人是笨蛋，而不去生氣的人才是智者。

前紐約州長威廉．蓋倫就是一個這樣的聰明人。他被一份內幕小報攻擊得體無完膚之後，又被一個瘋子打了一槍，幾乎因此送命。當他躺在醫院掙扎求生的時候，他說：「每天晚上我都原諒所有的事情和每一個人。」

這樣的人是不是一個完美主義者、一個理想主義者呢？偉大的德國哲學家，也就是「悲觀論」的作者叔本華認為：生命就是一種毫無價值而又痛苦的冒險，當他走過的時候好像全身都散發著痛苦。可是在叔本華絕望的深處，卻大叫道：「如果可能的話，不應該對任何人有怨恨之心。」

伯納·巴洛克曾做過威爾遜、哈定、柯立芝、胡佛、羅斯福和杜魯門6位總統的顧問。有一次我問他會不會因為他的敵人攻擊他而感到困擾。「沒有一個人能夠羞辱我或者干擾我，」他回答說，「我不讓他們這樣做。」

沒有任何人能侮辱我們或困擾我們——除非我們自己允許。棍子和石頭也許能打斷我們的骨頭，可是言語永遠也不能傷害我們，除非我們同意。

幾個世紀以來，人類總是景仰不懷恨仇敵的人。我常常站在加拿大賈斯伯國家公園裡，仰望那座名叫艾迪絲·卡維爾的山，這或許是西方最美麗的山了。

1915年10月12日，一位名叫艾迪絲·卡維爾的護士在德軍行刑隊的槍口下慷慨赴死。她犯了什麼罪呢？

因為她在比利時的家裡收容和看護了很多受傷的法國士兵和英國士兵，還協助他們逃到荷蘭。

十月的那天早晨，一位英國教士走進軍人監獄——她的牢房裡，為她做臨終祈禱的時候，她說了兩句不朽的話語：「我知道光是愛國還不夠，我一定不能對任何人有敵意和怨恨。」後來，這兩句話刻在了卡維爾的紀念碑上。4年之後，她的遺體轉移到英國，在西敏寺大教堂舉行了安葬大典。

後來，我有機會在倫敦住過一年，並常常到國立肖像畫廊對面去看艾迪絲·卡維爾的那座雕像，同時朗讀她那兩句不朽的名言：「我知道光是愛國還不夠，我一定不能對任何人有敵意和怨恨。」

原諒和忘記敵視自己的人的最有效方法，就是讓自己去做一些絕對超出我們能力以外的大事，這樣我們所碰到的侮辱和敵意就無關緊要了。因為這樣我們就沒有時間計較理想之外的事了。

1918年，密西西比州發生了一件極富戲劇性的事情：有一位黑人教師兼傳教士勞倫斯·瓊斯即將被處以火刑。我曾拜訪過瓊斯親手創辦的學校，並向學生作過演說，現在它已成為一所全國有名的學校。但我要說的這個故事是很早以前的事。

當時，正值第一次世界大戰期間，在密西西比州中部流傳著德軍將策動黑人叛變的謠言。瓊斯被指控策動叛亂，並將被處以火刑。行刑當天，教堂外站滿了白人，只聽瓊斯在教堂內說道：「生命是一場戰鬥，為了爭取生存與成功，黑人們應拿起武器奮戰到底。」

「絞死這個魔鬼！」幾個憤怒的白人青年叫喊著衝入教堂，用繩索套上瓊斯，把他拖了一英里遠，推上絞台，燃起木柴，準備絞死他並焚燒掉他的屍體。這時，有人叫道：「叫他說話，我們要聽他說話！」於是瓊斯站在絞台上，頸上套著繩索，開始談他的人生與理想。他談到自己的個性、學位，以及他在教職員中受人歡迎的音樂才能。畢業時，有人請他加入旅館業，有人願出資供他去讀音樂學院，成為一名音樂家，他都拒絕了。

讓他這樣做的原因只有一個，那就是他心中的那個理想。他受到布克．華盛頓的故事的影響，立志去教育他貧困的同胞兄弟。於是他前往美國南方所能找到的最落後的地方，也就是密西西比州的一個偏僻地方。他把自己的手錶當了 1.65 美元，在野外樹林裡開辦了一所學校。

面對準備處死他的白人們，瓊斯深情地講述著自己的奮鬥經過：他教育那些失學的孩子，想將他們訓練成有用的農夫、機匠、廚子和家庭主婦。他還告訴面前的這些白人，在他興學的過程中，誰曾經幫助過他——一些白人曾經送他土地、木材、豬、牛，還有錢，使他不會半途而廢。

聽了瓊斯如此真誠動人的講話，特別是他不為自己求情、只為自己的使命求情的舉動，感化了暴徒們。最後有個老人說：「我相信這年輕人說的是真的，我認得他提到的幾個人。他做的不是壞事，是善事。這樣的好人，我們應該幫助他才對。」老人開始在人群中傳帽子，向那些想吊死瓊斯的人募了52美元，親自交給了瓊斯。

事後，有人問瓊斯恨不恨那些準備絞死、燒死他的人。他的回答是，他當時忙著訴說比自己更重大的事，以致無暇憎恨。他說：「我沒時間爭吵，也沒時間反悔，沒有人能讓我恨他們。」

19世紀之前的聖哲愛比克泰德告訴我們：種因就會得果，而不管是誰，命運總能讓我們為過錯付出代價。愛比克泰德說：

「每一個人都會為他自己的錯誤付出代價。能夠記住這點的人就不會跟任何人生氣，不會跟任何人爭吵，不會辱罵別人、責怪別人、觸犯別人、憎恨別人。」林肯可能是美國歷史上受到責難、怨恨和陷害最多的總統。但是從赫爾頓的《林肯傳》中可以看出，林肯卻「從來不以他自己的好惡來批判別人。如果有什麼任務待做，他不會因為某人是自己的敵人而取消他的工作權利。如果一個以前曾經羞辱過他的人，或者是對他個人有不敬的人，卻是某個位置的最佳人選，林肯還是會讓他去擔任那個職務，就像他會派他的朋友去做這件事一樣……而且，他也從來沒有因為某人是他的敵人，或者因為他不喜歡某個人，而解除那個人的職務」。林肯曾委任的麥克萊倫、斯坦東和切斯——

以前曾批評過他甚至羞辱過他，但他卻以寬大的胸懷原諒了他們。林肯說：「沒有人會因為他做了什麼而被歌頌，或者因為他做了什麼或沒有做什麼而被廢黜。」所有的人都受條件、情況、環境、教育、生活習慣和遺傳的影響，使他們成為現在的這個樣子，將來也永遠是這個樣子。也許林肯是對的。將你我與我們的敵人換一換，承襲他的生理、心理及情緒的特徵，如果我們的人生也完全一樣，我們可能也會做出跟他們完全一樣的事。我們應以印第安人的祈禱詞提醒自己：「偉大的神靈！在我穿上別人的鹿皮靴走上兩星期路以前，請幫助我不要輕易為別人下任何結論。」與其恨我們的仇人，不如同情、理解他們，並感謝上天沒有賜予讓我們跟他們一樣的人生。與其詛咒報復我們的仇人，還不如給他們諒解、幫助、鼓勵，祈禱他們能夠交好運。

不要指望他人感激你

有一次，我在德州遇到一個商人，他正為某事而憤怒不已。有人警告我說，只要我「認識他15分鐘」，他就一定會談起那件事。果然如此，這件事已經過去11個月了，他還是不能忘記。他為34位員工每人發了差不多三百美元聖誕節獎金，共計1萬美元，結果他卻沒有聽到一句感謝的話。他抱怨說：「真可笑，我為什麼要發獎金給他們？」

「一個憤怒的人，渾身都是毒。」這是一位聖人說過的話。我衷心同情面前這位渾身是毒的人。他大約60歲了。根據人壽保險公司統計，我們還能活著的年數大約是目前年齡與80歲之間差數的三分之二。這位老兄，如果運氣可嘉的話還有大概十四五年的壽命。遺憾的是，他已浪費了有限的餘生中將近一整年的時間為過去的事憤恨不已，我實在是很同情他。

或許，那些員工都是很自私、很卑劣的，也很不講禮貌，但我希望這位先生除了憤恨與自憐，他大可自問，為什麼人家不感激他，有沒有可能是因為待遇太低、工作時間太長，或是員工認為聖誕獎金是他們應得的一部分。也許他平日裡是個吹毛求疵的人，以致別人不敢也不想去感謝他。

也許是這樣，也許是那樣。我也不會比你更了解整個狀況。不過，我倒是知道英國約翰遜博士曾說過：「感恩是極有教養的產物，你很難從一般人身上得到它。」很顯然，某個人希望別人感激他的恩德，正犯了一般人共有的毛病，他實在不了解人性。如果你使一個人免遭厄運，你會不會期望得到他的感恩呢？你可能會，可是塞繆爾·萊博維茲在他當法官前曾是位有名的刑事律師，曾使78名罪犯免上電椅。你猜猜看，其中有多少人曾登門道謝，或者寄張聖誕卡來？我想你已經猜到了。對，一個都沒有。耶穌基督僅用幾個小時就讓10個人重獲行走的功能，但他得到了幾個人的感謝呢？只有一個。耶穌基督環顧門徒問「其他9個人在哪裡」的時候，他們全跑了，謝也不謝就跑得無影無蹤！我想問一問各位：為什麼像你我這樣平凡的人，或者是那位德州商人，給了別人一點點小恩小惠，就希望得到比耶穌更多的感恩呢？至於錢財上的幫助，那就更別想啦！

查爾斯·舒瓦伯告訴我，曾經有一位銀行出納擅自挪用銀行基金炒股而血本無歸，當時是他幫助這個人把資金補足才免於吃官司的，那麼這個人有沒有感謝他呢？有，但只是一陣而已。後來這個人竟因為一件小事而與他反目。如果你白白送給你的親戚一百萬美元，你一定想像他會對你感激不盡吧？安德魯·卡內基就資助過他的親戚，不過如果安德魯·卡內基重新活過來，一定會很吃驚地發現這位親戚正在咒罵他。為什麼呢？因為卡內基只給了他一百萬美元，而將其他3億美元的遺產全部捐給了慈善機構。世間就是有許多不平之事，你根本不值得期待峰迴路轉。我們應該像那位最有智慧的羅馬帝王馬可·奧理略一樣學會接受。他在日記中寫道：「即使碰到多言的人、自私的人、以自我為中心的人、忘恩負義的人，我也不會驚慌或困擾。因為我還想像不出一個沒有這些人存在的世界。」

這話不是很有道理嗎？我們天天埋怨別人忘恩負義，到底是誰的錯？假如施恩之前就沒指望別人感激，那麼，如果我們偶爾得到別人的感激，就會有一個驚喜；如果沒有得到，也不應該難過、煩惱。

或許，容易忘記別人的恩賜和不容易對他人懷感恩之心皆是人性使然，那麼如果我們一直期望別人感恩，多半是自尋煩惱。

我認識一位住在紐約的婦人，她最大的困惑就是沒有一個親戚願意來看望她，致使她整日與孤獨為伴。然而，這實在沒有什麼奇怪的，根本不能怪他們。你去看望她，她會花幾個鐘頭喋喋不休地告訴你，她姪兒小的時候她是怎麼照顧他們的。他們得了麻疹、腮腺炎、百日咳，她甚至幾天幾夜沒闔眼，在一旁精心守護著。他們跟她住了許多年，還資助一位姪子讀完商業學校，直到結婚。

這些姪子開始時是經常回來的，但漸漸地就少了，也怕了，怕坐在那裡一連幾個小時聽那些老調、無休無止的埋怨與自憐。當這位婦人發現威逼利誘也無法叫她的姪子們回來看她後，她就開始用最後一招——心臟病發作。

她是不是真的心臟病發作了呢？當然不是。不過醫生也說她的心臟相當神經質，常常心悸。可是醫生也束手無策，因為她的問題出在思想上。

其實，這位婦人的要求很簡單，就是要得到姪子們的感恩。不過，她大概永遠也得不到。因為她認為這是應得的，她向別人要這些。

像她這樣的人，世界上還有很多很多。因為別人都忘恩負義，因為孤獨，因為被人疏忽而生病，他們渴望得到愛。但是在這世上真正能得到愛的唯一方式，不是索求，更不是乞求，而是無私地付出，無怨無悔地付出。

聽起來，這好像不太切合實際，很難做到，但這的確就是追求幸福的最好方法。我可以作證，因為我親眼見到過我家庭中發生的狀況。

我的父母樂於助人，我們很窮，所以老是窘於欠債。可即使窮成那樣，我父母仍然每年都要從肚皮裡擠出一點錢寄給孤兒院。那家孤兒院坐落在愛荷華州，他們一次也沒去過。可能除了收到回信外，也從來沒有人感謝過他們。不過他們已有所回報，因為他們享受了幫助那些無助小孩的喜悅，並不希望任何其他報償。

每年我因工作而不能回家過聖誕節時都會寄給父母一張支票，讓他們買些自己喜歡的東西，可是他們很少這樣做。當我回家過聖誕時，父親會告訴我，他們買了煤、日用品送給鎮上那些有很多小孩的貧苦婦人。他們送出這些禮物時，也得到了真正的快樂——施予而不求回報的快樂。

亞里斯多德說：「理想人會享受助人的快樂。」我深信我父親就是這樣的理想人。真正的快樂只在於無私地付出，在付出的同時不能存有任何索求感恩的念頭，否則就會痛心、無法快樂。

幾千年來，大部分為人父母者都怨恨子女不知感恩。

莎士比亞筆下的李爾王喊得最是震撼人心：「不知感恩的子女比毒蛇的利齒更痛噬人心。」

這難道是子女的過錯？當然不是。如果為人父母者不教育他們，為人子女者又怎麼會知道感恩呢？忘恩像是隨地生長的雜草；感恩則有如玫瑰，需要精心地照料與滋養。

子女們不知道感恩能怪誰呢？恐怕只能怪我們自己。如果我們從來不教導他們向別人表示感謝，又何以期望他們來謝我們？

我的一個朋友，住在芝加哥。他在一家紙盒廠工作，很辛苦，週薪不過40美元。他娶了一位寡婦，她說服他向別人借了錢送她前夫的兩個兒子上大學。他的週薪用來支付所有生活開銷和應繳付的欠款。他拚命苦幹了4年，從沒埋怨過一句。

有沒有人對他表示感謝呢？沒有。他太太認為這是理所當然的。那兩個兒子當然也是一樣，他們對這位繼父從未有過一點點的虧欠之意。

這到底該怪誰呢？這兩個年輕人？難道這位母親沒有錯嗎？她認為這兩個年輕的生命不應該有這種義務的負擔，她不要她的兒子由「負債」開始他們的人生。因此她從沒想到要說：「你們的繼父真是個大好人，他幫你們讀完了大學。」相反，她的態度卻是：「噢！那是他的義務。」

她認為兒子們成長得很健康。實際上，她讓他們的心靈有了缺陷，讓他們產生了一種危險的想法，認為這個世界有義務讓他們活下去。這種想法果然危險，她的兩個兒子中的一個想向老闆「借」點錢，結果被關進了監獄。

我們一定得記住，子女的一言一行完全是由父母造成的。

舉例來說，我阿姨薇奧拉·亞歷山大從來不抱怨兒女不知感恩。我小的時候，阿姨把她母親接去照料，同時也照料她的婆婆。我現在仍記得兩位老人家坐在壁爐前的情景。她們有沒有對我阿姨出過難題，找過她的麻煩呢？我想一定有，而且不會少，可從我阿姨的態度上卻一點也看不出來。她真的愛她們，想讓她們安度晚年，享受家人的溫馨與甜美。

除了照料兩位老人以外，薇奧拉阿姨自己還有6個子女，但她從不覺得自己做了什麼了不起的事。在她的思想意識裡，這一切都是再自然不過的事，是對的事，也是她樂於做的事。

薇奧拉阿姨已經孀居了二十幾年，她的5位成年子女都願意接她到他們家去一起住。她的孩子們非常敬佩她，都不想離開她。

這是出於「感恩」嗎？當然不是！這是真愛的表現！這幾位子女從孩童時代就生活在慈善的氣氛中。現在需要照顧的是他們的媽媽，他們回報同樣的愛，這又有什麼值得奇怪的呢？

我們不要忘了，要想子女懂得感恩，必須要先成為施恩不圖回報的父母。我們的所言所行非常重要。在孩子面前，千萬不要詆毀別人的善意，也千萬別說：「看看表妹送的聖誕禮物，都是她自己做的，真小氣！」這種話我們也許是順口說的，但是孩子們卻會聽進去記在心裡。因此，我們最好這麼說：「為了準備這些聖誕禮物，表妹一定花費了很多時間。她真是個有心人，我們應該寫信感謝她。」如此，我們的子女在無意中也就養成感恩的習慣了。

想想你所得到的恩惠

我認識哈洛德很多年了，他曾經是我巡迴演講的經理，住在密蘇里州。有一天，他和我在堪薩斯城相遇，他送我到我的農莊。路上，我問他是怎麼得到快樂的，他向我講了一個我永遠都忘不了且很有意思的故事：

我以前常為很多事情而憂慮。可是，1934年春天的某一天，我正走在韋伯鎮西道提街，有一幕景象使我以後永遠不再感到憂慮。事情發生的前後只有10秒鐘，可是在那10秒鐘裡，使我學到的關於如何生活的事情，比我過去10年裡所學到的還要多。

我在韋伯城經營一家雜貨店有兩年之久，我不單賠光了所有的積蓄，還借了債，需要7年的時間才能還清。我的雜貨店剛在前一個禮拜關門，當時我正準備到銀行去借點錢，以便到堪薩斯城去找一份差事。我像一隻鬥敗的公雞在路上走著，完全喪失了鬥志和信心。

突然之間，我看見迎面來了一個失去了雙腿的身障人士，他坐在一個小小的木頭平台上，下面裝著從溜冰鞋上拆下來的輪子。他兩手各抓著一片木頭，撐著地讓自己滑過街來。

我看到他的時候，他剛把那小小的木頭車子翹起來，我們兩人眼光正好碰上，他對我咧嘴笑了笑。「你早，先生！早上的天氣真好，是不是？」他很開心地說。

當我站在那裡看著他的時候，我才發現自己是那麼富有。我有兩條腿，我能走路。我對我的自憐感到羞恥。我對自己說，如果一個缺了兩條腿的人能做到的事，當然我也能做到。我覺得自己的胸膛已經挺了起來。本來我只是想去銀行借一百美元，可是現在我有勇氣去向他們借二百美元。我本來想說我打算到堪薩斯城去試試看能否找份差事，可是現在我能夠自信地告訴他們說，我要到堪薩斯去找一份差事。我借到了那筆錢，也找到了一份工作。

於是，我在浴室的鏡子貼上下面這幾句話，好讓我每天早上刮鬍子的時候能夠讀到：「我正在為自己沒有鞋而難過，忽然遇到一個沒有雙腿的人，我的難過頓時消失了。」

在英國的許多教堂裡都寫有「感恩」這個詞。它也應該銘刻在我們的心上。想想所有我們應該感謝的事，並真正去表示感謝。

英國文學史上最悲觀的一位作家是《格列佛遊記》的作者史威夫特。他為自己的出生感到很難過，所以他在生日那天一定要穿黑衣服，並絕食一天。可是，這位英國文學史上有名的悲觀主義者，在他絕望之中，卻讚頌開心與快樂能帶給人健康的力量。他說：「世界最好的三位醫生是節食、安靜和快樂。」

我們每一天、每個小時，都能得到「快樂醫生」的免費服務。只要我們能把注意力集中在我們所擁有的那麼多令人難以置信的財富上，那些財富遠超過阿里巴巴的珍寶。

你願意把你的兩隻眼睛賣1億美元嗎？你願意把你的兩條腿賣多少錢呢？還有你的兩隻手、你的耳朵、你的家庭，賣多少錢？把你所有的資產加在一起，你就會發現你現在所擁有的一切絕不會就此賣掉，即使把洛克斐勒、福特和摩根三個家族所有的黃金都加在一起，你也不會賣。

遺憾的是，我們很多人都意識不到這一點。就像叔本華所說：「我們很少想我們已經擁有的，而總是想到我們所沒有的。這種傾向實在是世界上最令人不幸的事情之一，它所造成的痛苦可能比歷史上所有的戰爭和疾病要多得多。」

這一點幾乎使住在紐澤西州的帕瑪先生「從一個正常人變成一個壞脾氣的老傢伙」，也差點毀了他的家。帕瑪先生向我講了他的故事：

我從軍中退伍不久，就開始做生意。我夜以繼日地忙碌著，一切進行得很好。但後來出現了一些問題，我買不到零件和原料。我為可能會被迫放棄我的生意而擔心得不得了，我從一個普通人變成一個脾氣很壞的傢伙。我變得非常尖酸刻薄——當時我自己並不知道，可是現在我才明白。我幾乎失去了我快樂的家。

然而有一天，一位年輕的行動不便的身障人士對我說：「約翰，你不應該這樣，你這副樣子好像世界上只有你一個人有麻煩似的。就算你把店關掉一陣子，等到事情恢復正常之後再重新開始，也沒有什麼。你有很多值得感激的事，可你卻老是在抱怨。我的天啊，我真希望我是你。你看看我，我只有一隻手臂，半邊臉都傷了，可是我並不抱怨什麼。要是你再繼續這樣囉囉唆唆埋怨下去的話，你不僅會失去你的生意，也會失去你的健康、你的家庭和你的朋友。」

這些話使我猛然醒了過來，我發現我走上了岔路。我當場就決定必須要改變，重新成為我自己。後來我做到了。

我的朋友露絲，也是經過一番痛苦的波折才認識到這一點的。我們是在哥倫比亞大學的新聞寫作班上相識的。她對我講述了她的那個難過的經歷。

那時我是個太忙人，既要去亞利桑那州立大學學習風琴，在城裡主持一個演說訓練班，還要到另一座城市裡講音樂欣賞。我忙著出席宴會、舞會，沒日沒夜奔波。直到有一天早上，我完全崩潰了。醫生說：「你必須臥床休息一年。」

聽到這個消息，我整個人都僵住了：那與廢物有什麼區別，還不如去死！我驚恐極了，為什麼這種事會發生在我身上？我做了什麼不可饒恕之事要上天如此懲罰我？我哭了好久，怎麼也無法接受。不過，我還是遵照醫生的話躺在了床上。

我的鄰居來看望我，他叫魯道夫，是位藝術家。他對我說：「不要以為你躺在床上整整一年是件很糟糕的事。其實你完全可以利用這段時間真正了解自己。一年，你在心靈上的成長可以抵得上你過去的幾十年。」

聽了他的話，我平靜了許多，開始努力建立另一套價值觀。我閱讀一些啟發人心的書。有一天我聽到收音機裡的播音員說道：「你所表現出來的永遠只是你內心世界的反映。」我以前不止一次聽過這句話，但唯有這次才真正聽到心裡去了。

於是，我開始去想些增強自信的事情。每天早晨一醒過來，我就強迫自己想一遍我所擁有的應該對這一世界充滿感激的事：我的身體沒有疼痛，我有個可愛的小女兒；我能看到美麗的景緻，能聽收音機裡悅耳的音樂，能吃美味的食物；有無數的好朋友關心我；在我住院期間，醫生不得不限制一次只能容許一位來訪，而且還有時間限制。

從降生到現在，我都在過著豐富、活躍的生活，現在我深深地感謝躺在床上的那一年，那是我在亞利桑那州最有價值、最快樂的一年。就在那一年，我養成了每天早上先清點一下自己所擁有的幸福這個習慣，並沿用至今。這已成為我最寶貴的財產。我得承認在生命出現危機之前，我並沒有真正活過。

露絲，我要告訴你，你所受到的教訓與二百年前英國著名作家約翰遜所發現的驚人的相似。他說：「能看到每件事情最好的一面，並養成一種習慣，這真是千金不換的珍寶。」

有必要說明的是，說這句話的人可不是職業性的樂觀主義者。事實上，他曾經深受焦慮、飢餓、窮困之苦，正是憑藉這句警言終於成為當時最著名的作家與評論家。

羅根．皮爾薩爾．史密斯用很簡單的幾句話，說了一番大道理。他說：「生活中應該有兩個目標：首先，要得到你所想要得到的；然後，在得到之後要能夠享受它。只有最聰明的人才能做到第二步。」

有一位名叫波姬．達爾的女人，她寫了一本書，是《我希望能看見》，這是一本以談論難以置信的勇氣生活而很富啟發性的書。作者的生存狀態艱難到把在廚房水槽洗一次碗，都當做是一次難得的經驗。你若有興趣，可以到圖書館去借，或者到當地書店去買，或者向紐約市第5街60號的麥克米倫出版社直接函購。

這本書的作者是一個幾乎瞎了50年之久的女人。「我只有一隻眼睛，」她寫道，「而眼睛上還滿是斑點，只能透過眼睛左邊的一小部分看東西。看書的時候必須把書本拿得貼近我的臉，而且不得不把我那一隻眼睛盡量往左邊斜過去。」

可是她不願意接受別人的憐憫，不願意別人認為她「異於常人」。小時候，她想和其他的小孩子一起玩遊戲，可是她看不見地上所畫的任何記號，所以在其他的孩子都回家以後，她就趴在地上，把眼睛貼在地上瞄過去瞄過來。她把她的朋友們所玩的那地方的每一點都牢記在心，所以不久後就成為玩遊戲的好手了；她在家裡看書，把印著大字的書靠近她的臉，近到眼睫毛都碰到書頁上。後來她得到兩個學位：先在明尼蘇達州立大學得到學士學位，再在哥倫比亞大學得到碩士學位。她得到的第一份工作，是在明尼蘇達州的一個小村子裡教書，然後成了南達科他州奧格塔那學院的新聞學和文學教授。她在那裡教了13年書，也在很多婦女俱樂部發表演說，還在電台主持談書籍和作者的節目。她說：「在我的腦海深處，常常懷著一種怕會完全失明的恐懼，為了要克服這種恐懼，我對生活採取了一種很快活而近乎戲謔的態度。」然而在1943年，也就是她52歲的時候，一個奇蹟發生了。她在著名的梅育診所施行了一次手術，使她的視力比以前擴大了40倍。一個嶄新的、五彩繽紛的、可愛的世界展現在了她的眼前。她發現，即使是在廚房水槽前洗盤子，也讓她覺得非常開心。「我開始玩著洗碗盆裡的肥皂泡沫，」

她寫著，「我把手伸進去，抓起一大把小小的肥皂泡沫，我把它們迎著光舉起來。在每一個肥皂泡沫裡，我都能看到一道小小彩虹閃出來的明亮色彩。」在水槽的上方有一扇小窗戶，從窗口望出去，她看到了白白的積雪，看到了一隻「振動著灰黑色的翅膀飛過積雪的麻雀」。僅僅看到肥皂泡與麻雀，她就很滿意、很欣喜了，於是便有了她那本書的結尾：「親愛的主，我不禁低語，我們的上帝，真心感謝你，我感謝你。」讀了這些話，我們應該感到慚愧。這麼多年來，我們每天都生活在一個美麗的童話王國裡，可是我們卻什麼也看不見；雖然能夠填飽肚皮，卻不懂得享受。

保持自我的本色

在我著手寫這本書時，我收到了一封北卡羅萊納州艾爾山的伊笛絲．阿爾雷德太太寄來的信。她在信中講述了她自己的故事：

我從小就特別敏感而靦腆。我的身體一直很胖，而我的臉更顯胖。我有一個很保守的母親，她認為只有愚蠢的女孩才透過漂亮的衣服展示自己。她總是對我說：「寬衣好穿，窄衣易破。」我的衣服總是寬寬大大、長可及膝。上學後，我從來不和其他孩子一起做室外活動，甚至不願上體育課。我非常害羞，覺得我跟其他人都「不一樣」，完全不討人喜歡。

長大之後，我嫁給了一個比我大好幾歲的男人，可是我並沒有改變。我丈夫一家人都很好，也充滿了自信。他們希望能改變我的性格，但我卻辦不到。他們為使我開朗而做的每一件事情，都只能令我更退縮到我的殼裡去。我變得緊張不安，躲開了所有的朋友，甚至害怕聽到門鈴聲。我知道我是一個失敗者，又怕我的丈夫會發現這一點。所以每次我們出現在公共場合的時候，我都假裝很開心，結果常常做得太虛假而讓人遠遠避開。事後我會為此而難過好幾天。久而久之，不開心的事情越來越多，使我覺得再活下去也沒有什麼意思了，我開始想自殺。

那麼，是什麼改變了這個幾乎自殺的女人呢？阿爾雷德太太說：

後來，我婆婆隨口說出的一句話，改變了我的整個生活。有一天，我婆婆正在談她怎麼教養她的幾個孩子，她說：「不管事情怎麼樣，我總會要求他們保持自我本色。」「保持自我本色」這句話在我的耳畔不斷轟鳴。在這一剎那間，我突然發現了我苦惱的根源，那就是我一直試圖讓自己適合於一個並不適合我的模式。

一夜之間我開竅了。我開始保持自我本色。我試著研究我自己的個性，試著發掘我究竟是個怎樣的人。我研究我的優點，研究色彩和服飾的關係，盡量按照我的身材和個性去選購衣服。我開始主動去交朋友，還參加了一個社團組織，開始時很害怕，但每一次發言都會使我增加一點勇氣。一段時間過後，我終於找到了快樂的感覺，這是我沒有想到的。在教養我自己的孩子時，我也以自己以前的痛苦生活為鏡子，鼓勵他們遵循自然，「保持自我本色」。

詹姆斯．高登．李爾基博士說：「保持自我本色的問題像人類歷史一樣古老，而且是全人類的問題。」很多精神、神經質心理方面的問題，其隱藏的病因往往是他們不能保持自我本色、矯揉造作。

安吉羅．帕屈在幼兒教育方面，曾寫過13本書和數以千計的文章。他說：「沒有人比那些想做其他人——除他自己以外其他的人，更痛苦的了。」

這種異想天開的想法，在好萊塢尤其流行。山姆．伍德是好萊塢最知名的導演之一。他說他在啟發一些年輕的演員時，所碰到的最頭痛的問題就是，要讓他們保持自己的本色。他們都想做二流的拉娜．特納，或者是三流的克拉克．蓋博。「觀眾已經很熟悉那種味道了，」山姆．伍德不停地告誡他們，「他們現在需要來點新鮮的。」

山姆．伍德在導演《萬世師表》和《戰地鐘聲》等影片前，一直都在從事房地產業，因此他培養了一種銷售員的個性。他認為，商界中的一些規則在電影界也完全適用。完全模仿別人只能一事無成。「經驗告訴我，」山姆．伍德說，「最保險的辦法就是，盡可能不用那些喜歡跟風、模仿他人的演員。」

我曾請教一家石油公司的人事主任保羅．伯恩頓，問他前來求職的人常犯的最大錯誤是什麼。他曾經和六萬多名求職者面談過，還寫過一本名為《謀職的六種方法》的書。他回答說：「來求職的人所犯的最大錯誤就是不保持自己的本色。他們不以真面目示人，不能以誠待人，還給你一些莫名其妙的回答。」這種做法令徵才企業很反感。因為沒有人願意要偽君子，就像沒有人願意收假鈔票一樣。

我知道有一位出生在上班族家庭的女孩就是很辛苦才學到這個教訓的。她想當歌星，但相貌不夠漂亮——嘴巴太大，還長著齙牙。她第一次在紐澤西的一家夜總會裡公開演唱時，一直想用上唇遮住齙牙，她企圖讓自己看起來高雅靚麗一些，結果卻把自己弄得像個小丑。如果一直這樣下去，她注定要被舞台遺棄。

幸好當晚在座的一位男士認為她很具演唱潛能，他很直率地對她說：「我看了妳的表演。很顯然，妳一直在掩飾著什麼，妳覺得妳的牙齒很難看？」

那女孩臉紅得像個蘋果，不過那個人還是繼續說下去：「齙牙並不能說明什麼。觀眾喜歡自然的表露，所以不要試圖去掩飾什麼，張開嘴就唱。妳越不以為然，聽眾就會越愛妳。現在妳以為齙牙很難看，也許將來它還會帶給妳財富和地位呢！」

凱絲·達萊接受了這位男士的建議，把齙牙的事拋諸腦後。從那以後，她只把注意力集中在觀眾身上。她激情投入的演唱風格，使她後來成為電影及電台中走紅的頂尖歌星。現在，很多新人倒想來模仿她了。

著名的威廉·詹姆士在談到那些從來沒有發現自己能力的人時說：「一般人只發展了10%的潛在能力，跟我們應該做到的比較，我們等於只用了一半；對我們身心兩方面的能力，我們只使用了很小的一部分。再擴大一點來說，人往往都活在自己所設的限制中，我們擁有各式各樣的資源，卻常常習慣性地不懂得怎麼去利用。」

我們每個人都有這樣的能力，所以我們不要再浪費任何一秒鐘去處心積慮地想成為其他人。要知道，你在這個世界上是獨一無二的，將來直到永遠永遠，也不可能再有一個與你一模一樣的人。

遺傳學告訴我們，一個人某種能力的形成，取決於父親的23條染色體和母親的23條染色體所遺傳的是什麼。在每一個染色體裡可能有幾十個到幾百個遺傳因子。在某些情況下，每一個遺傳因子都能改變一個人的一生。是的，人類生命的形成真是一種全人類敬畏的奧妙。

即使你父母相親相愛，那麼，孕育和你完全一模一樣的人，也只有三十億分之一的機會。也就是說，即使你有三十億個兄弟姐妹，也可能都跟你完全不一樣。我並非憑空杜撰，而是有科學依據的。阿倫．舒因費有一本書叫《遺傳與你》，詳細介紹了遺傳學方面的知識，你若有興趣不妨借來一閱。

我是有資格和你談談保持自己本色這個問題的，因為我有過代價相當大的痛苦經驗。

很早以前，當我由密蘇里州的鄉下到紐約去的時候，我進了美國戲劇學院，希望能做一名演員。我當時有一個自以為非常聰明的想法——我要去學當年那些有名的演員怎樣演戲，學會他們的優點，然後把每一個人的長處學下來，使我自己成為一個集所有優點於一身的名演員。

多麼愚蠢！多麼荒謬！我居然浪費了很多時間去模仿別人。

最後我才終於明白，我一定得維持自己的本色，我不可能變成任何其他人。

經過那樣慘痛的教訓，我仍沒有總結經驗。後來我又頭腦發熱，想寫一本書，並希望那是所有關於公開演說的書中最好的一本。在寫那本書的時候，我又有了和以前演戲時一樣的笨想法。我打算把很多其他作者的觀念都「借」過來放在那本書裡，使那本書能夠包羅萬象。

於是，我去買了十幾本著名演說家所寫的書，花了很長時間吸收他們的想法，變成我的文章。可是最後我再一次發現我又做了一件傻事：這種把別人的觀念整個湊在一起而寫成的東西非常做作，非常沉悶，沒有一個人能夠堅持讀下去。所以我把一年的心血都丟進了廢紙簍裡，重新開始。

這一回我對自己說：「你一定得維持你自己的本色，不論你的錯誤有多少，能力多麼的有限，你也不可能變成別人。」

於是，我不再試著做其他所有人的綜合體，而是捲起我的袖子，做了我最先就該做的那件事——我寫了一本關於公開演講的教科書，完全以我自己的經驗、觀察，以一個演說家和一個演說教師的身分來寫。我終於達到了牛津大學英國文學教授華特‧羅里的境界，他說：「我沒有辦法寫一本足以媲美莎士比亞的書，可是我可以寫一本由我寫成的書。」

大名鼎鼎的歐文‧柏林曾對已故的喬治‧蓋希文有一個「保持自己本色」的勸告，非常經典。柏林和蓋希文初次見面的時候，柏林已經很有名；而蓋希文還是一個剛出道的年輕作曲家，一個禮拜只賺35美元。柏林很欣賞蓋希文，就問蓋希文想不想做他的祕書，薪水大概是他當時收入的3倍。

「不要接受這份工作，」柏林忠告說，「如果你接受的話，你可能會變成一個二流的柏林。但如果你堅持繼續保持你自己的本色，總有一天你會成為一個一流的蓋希文。」

蓋希文聽從了這個勸告。後來他慢慢地成為了美國最重要的作曲家之一。

查理·卓別林以及其他所有的名人都曾經學到這個教訓，而且多數人都先付出了慘痛的代價。

卓別林開始時聽從導演的安排一心去模仿當時的一位著名影星，結果一事無成，直到他開始成為他自己，才漸漸成功。

瑪麗·馬克布萊德也曾試著模仿一位愛爾蘭明星，但不成功。後來她還以本來面目——一位由密蘇里州來的鄉下女孩——才一夜成名，坐上了紐約市播音明星的寶座。

金·奧崔一直想變成一個道道地地的都市人，於是他跟別人說自己是紐約人，還學紐約口音，結果只得到了別人的訕笑。直到他開始重拾三絃琴，演唱鄉村歌曲，才奠定了他在演藝界最受歡迎牛仔歌手的地位。

你在這個世界上是獨一無二的，應該為這一點而慶幸，應該盡量利用大自然所賦予你的一切進行創新。從古至今，所有的藝術都帶著創作者自己的特色；你只能唱你自己的歌，你只能畫你自己的畫，你只能做一個由你的經驗、你的環境和你的家庭所造就的你。不論好壞，你都應該創造一個屬於自己的小花園；不論好壞，你都得在生命的交響樂中，演奏屬於你自己的小樂器。

愛默生在《自我信賴》中說得好：「在每一個人的教育過程之中，他一定會在某個時期發現：羨慕就是無知，模仿就是自殺。不論好壞，他必須保持自己的本色。雖然廣大的宇宙之間充滿了好的東西，可是除非他耕作那一塊給他耕作的土地，否則他絕得不到好的收成。他所有的能力是自然界的一種新能力，除了他之外，沒有人知道他能做出些什麼、他能知道些什麼，這些都必須是他應該探索求取的。」

將不利因素轉化為有利

為了取得如何獲得快樂的祕方，我曾求教於芝加哥大學校長羅伯特．哈欽斯先生。羅伯特說：「我一直按照一個小小的忠告去做，這是已故的西爾斯百貨公司董事長朱利亞斯・羅森沃德告訴我的。他說：『如果你手中有個檸檬，何妨榨杯檸檬汁！』」

偉大的人物都採取那位芝加哥校長的做法，但是一般人的做法則相去甚遠。要是人們發現生命給他的只是一個檸檬，他就會自暴自棄地說：「我完了！這就是命運。我連一點機會也沒有。」然後他就開始詛咒這個世界，開始自怨自艾，自暴自棄。

可是，當聰明人拿到一個檸檬的時候，他就會說：「從這次失敗之中，我可以學到什麼呢？怎樣才能吃一塹，長一智，怎樣才能把這個檸檬做成一杯檸檬汁呢？」

偉大的心理學家阿德勒花了一生的時間來研究人類和人們所隱藏的保留能力，最後宣稱發現人類最奇妙的特性是「把負變為正的力量」。

我下面要講述的這位女士——瑟爾瑪・湯普森——的經歷正好印證了那句話。

戰爭時期，為了能夠經常與我丈夫團聚，我把家搬到了他駐防的加利福尼亞沙漠陸軍基地附近。那實在是個可憎的地方，我簡直沒見過比那更糟糕的地方。我丈夫出外參加演習時，我就獨自待在那間小房子裡。那裡熱得像要把人烤焦，就是在仙人掌樹下，溫度也要高達華氏125度（約攝氏51.7度）。風沙很大，所有我吃的、呼吸的都充滿了沙塵！這還不算，更要命的是沒有一個可以講話的對象，哪怕一隻小動物也好啊。我很悲傷，也很自憐。我寫信給父母，說我要崩潰了，準備放棄而回家，一分鐘也不想再待在這個地獄般的地方了。我父親的回信只有3行，這幾句話常常縈繞在我心中，並改變了我的一生：「有兩個人隔著鐵窗往外望去，一個人看到了滿地的泥濘，另一個人卻看到了滿天的繁星。」我一遍一遍地唸著這幾句話，突然覺得很慚愧。我振作精神，決定找出自己目前處境的有利之處，我要找尋那一片星空。我開始去接觸當地的居民，與他們交談，了解他們的生活習慣。他們對我很友好，當我對他們的編織與陶藝表現出極大興趣時，他們會把拒絕賣給遊客的心愛之物送給我。我也研究當地的植物，尤其是仙人掌。我試著多認識土撥鼠。我觀看沙漠的黃昏，找尋三百萬年前的貝殼化石。我還了解到，這片沙漠在三百萬年前竟是海底。帶來這些驚人改變的是沙漠嗎？沙漠並沒有發生改變，改變的只是我自己。因為我的態度改變了，正是這種改變使我有了一段精彩的人生經歷。這裡的一切都讓我既興奮又刺激。我決定寫一本小說，記錄我的這段美麗的歷程。我終於超越了自我，找到了那片星空。

「最美好的事往往也是最困難的。」瑟爾瑪·湯普森所發現的正是耶穌誕生前500年希臘人發現的真理。

20世紀的哈里·愛默生·佛斯狄克也告訴我們：「快樂大部分並不是享受，而是勝利。」不錯，這種勝利來自於一種成就感、一種得意，也來自於我們能把檸檬榨成檸檬汁。

我曾造訪過佛羅里達州一位快樂的農夫，他甚至把一個「毒」檸檬做成了甜檸檬汁。這位農夫用多年積攢的錢買下了一片農場，結果令他非常頹喪。那塊地既不能種水果，也不能養豬，能生長的只有白楊樹及響尾蛇。後來他想到了一個好主意，他要把那些響尾蛇變成他的資源。他的做法使每一個人都很吃驚，因為他開始生產響尾蛇肉罐頭。

當我專程去拜訪他時，我發現每年來參觀他的響尾蛇農場的遊客差不多有兩萬人。他的生意做得非常大。他將響尾蛇的蛇毒取出來，運送到各大藥廠去做蛇毒的血清；將響尾蛇皮以很高的價錢賣出去做女人的鞋子和皮包；將裝著響尾蛇肉的罐頭銷到了世界各地。我買了一些當地的風景明信片到村中郵局去寄時，發現郵戳蓋著「佛羅里達州響尾蛇村」。可見，當地人是多麼尊敬這位把「毒」檸檬做成了甜檸檬汁的先生！

我在全美各地的旅行中，有幸認識了許多「把負變正」的男人和女人。

已故的威廉·伯利梭生前曾經這樣說過：「生命中最重要的一件事，就是不要把你的收入拿來算作資本，任何一個人都會這樣做。真正重要的是，要從你的損失中去獲利。這就需要有才智才行，聰明人和傻子的區別就在這裡。」

伯利梭曾在一次火車失事中摔斷了一條腿。不過還有一個斷掉兩條腿的人，也把負的轉為了正的。他的名字叫本·佛森。我是在喬治亞州大西洋城一家旅館的電梯裡碰到他的。在我踏入電梯的時候，我注意到這個看上去非常開心、兩條腿都斷了的人。當電梯停在他要去的那層樓時，他和善地問我是否可以讓一下路，然後說「讓你不方便了」。從始至終，他的臉上都流露出非常快樂的神情。我回到房間之後，腦海裡始終迴盪著那個人的笑容，於是我去找他，請他把他的故事告訴我。「事情發生在１９２９年，」他微笑地告訴我，「我砍了一大堆胡桃木的枝幹，準備做我的菜園裡豆子的撐架。我把那些胡桃木枝幹裝在我的福特車上，開車回家。中途，一根樹枝滑到車下，卡在車軸上，當時正是在車子急轉彎的時候。車子衝出路外，我撞在一棵樹上。我的脊椎受了傷，兩條腿再也站不起來了。」「那一年我才24歲，從那時起我就再沒有走過一步路。」那麼年輕就被判終生坐著輪椅過活。我問他怎麼能夠這樣勇敢地接受這個事實，他說：「我當時也確實難以接受。心中充滿了憤恨和難過，每天都在抱怨命運對自己的不公。可是隨著時間一年年過去，我終於發現憤恨除了使我的脾氣見長外，什麼也沒讓我做成。我體會到，大家對我那麼好，那麼有禮貌，所以我至少應該做到一點，對別人也很有禮貌。」我問他，隨著時間的流逝，他是否還覺得他所碰到的那次意外是一次很可怕的不幸。「不會了，」他毫不猶豫地說，「相反，我現在還很慶幸有過那一次經歷。」他告訴我，當他克服了當時的震驚和悔恨之後，就開始生活在一個完全不同的世界裡。他開始看書，對好的文學作品產生了興趣。他說，在14年裡，他至少讀了一千四百多本書，這些書為他帶來了一個新奇的世界，使他的生活比以前所想到的更為豐富。他開始聆聽很多好音樂，以前讓他覺得煩悶的偉大的交響曲，現在都能使他非常受感動。更為重要的是，他現在有時間去思想。「有生以來第一次，」他說，「我能讓自己仔細地看看這個世界，有了真正的價值觀；我開始了解以往我所追求的事情，大部分實際上一點價值也沒有。」

讀書思考的結果，使他對政治有了興趣。他研究公共問題，坐著輪椅去發表演說。由此他認識了很多人，很多人也認識了他。今天，班·佛森——仍然坐著他的輪椅——做了喬治亞州州務卿。

我在紐約開辦成人教育班時，發現有很多人都認為沒有上過大學是人生的一大憾事、一種缺陷。而我認識的許多成功人士都沒有上過大學，因此我知道這一點並沒有這麼重要。於是我經常對我的學員講一個有關失學者的故事。

他父親在他很小的時候就去世了，他的母親每天必須在一家製傘工廠工作10個小時，還要帶一些手工回家，一直做到晚上11點。

就是在這種困苦的環境下，他漸漸長大了。有一次他參加教會的戲劇表演，覺得表演非常有趣，於是就開始訓練自己在公眾場合演說的能力。後來他也因此進入了政界。他當選為紐約州議員時才30歲。對接受這樣的重大的責任，他其實還沒有準備妥當。他坦白地告訴我，他當時根本就不清楚州議員具體該做哪些工作。他開始研讀冗長複雜的法案，這些法案對他來說，就跟天書一樣。他被選為森林委員會的一員，可是他從來沒有走進過森林，所以他非常擔心。他又被選入銀行委員會，可是他連銀行帳戶也沒有，因此他十分茫然。他告訴我如果不是不想讓母親失望，不想讓母親知道他的兒子很無能，他早就辭職回家了。絕望中，他決定一天研讀16個小時，把自己無知的酸檸檬做成知識的甜檸檬汁。努力終有回報，他由一位地方政治人物又提升為全國性的政治人物，甚至《紐約時報》都尊稱他是「紐約最受歡迎的市民」。

你知道這位傑出人物是誰嗎？他就是阿爾·史密斯。

自阿爾進行自我教育的10年間，他不但成了紐約州政府的公認活字典，還創造了連任4屆紐約州長的紀錄。1928年，他當選為民主黨總統候選人。包括哥倫比亞大學及哈佛大學在內的6所著名大學都曾頒授榮譽學位給這位自小就失學的人。

阿爾認真地告訴我說：如果不是我一天勤讀16個小時，把我缺失的那些彌補過來，我絕對不會有今天的成就。

尼采對超人的定義是：「不僅是在必要情況之下忍受一切，而且還要喜愛挑戰這種情況。」

我對那些事業有成者的研究越深入，就越深刻地感覺到，他們之中有非常多的人之所以成功，是因為他們開始的時候都有一些會阻礙到他們的缺陷，促使他們加倍努力去得到更多的報償。正如威廉．詹姆士所說：「我們的缺陷對我們有意外的幫助。」

是的，很可能米爾頓就是因為瞎了眼，才寫出了更好的詩篇；而貝多芬也可能因為聾了，才能做出更好的曲子。海倫．凱勒之所以能有光輝的成就，也許就是因為她的瞎和聾。

如果柴可夫斯基不是那麼的痛苦——他那個悲劇性的婚姻幾乎使他瀕臨自殺的邊緣，如果他自己的生活不是那麼的悲慘，他也許永遠不能寫出他那首不朽的《悲愴交響曲》。

如果杜斯妥也夫斯基和托爾斯泰的生活不是那樣的充滿悲慘，他們可能也永遠寫不出那些不朽的小說。

開創生命科學的達爾文也說：「如果我不是那麼無能，我也許不會做到我所完成的這麼多工作。」很顯然，他坦誠自己受到過缺陷的刺激。

就在達爾文降生的那天，另一個生命在美國肯塔基州森林的一個小木屋裡誕生了。他也是受到自己缺陷的激發而成就了一世偉業。他就是亞伯拉罕．林肯。如果他出生在一個貴族家庭，在哈佛大學法學院得到學位，又有幸福美滿的婚姻生活，他也許絕不可能在他心底深處找出那些在蓋茲堡所發表的不朽演說；也不會有在他第二次政治演說上的所說的那句如詩般的名言——這是美國的統治者所說過的最美也最高貴的話：「不要對任何人懷有惡意，而要善心施予眾人……。」

佛斯狄克在其著作中說道：「冰冷的北極風造就了因紐特人，這是斯堪地那維亞地區的一句俗語。我們誰能相信人們會因為舒適的日子，沒有任何困難而覺得快樂？一個自憐的人即使舒服地靠在沙發上，也不會停止自憐。反倒是不計環境優劣的人常能快樂，他們極富個人的責任，從不逃避。我要再重複一遍：頑強的因紐特人是冰冷的北極風所造就的。」

如果我們真的灰心到看不出有任何轉機，我們也必須試一試以下兩個理由。這兩個理由保證我們試了只會更好，不會更壞。

一個理由是：我們可能成功。

另一個理由是：即使沒有成功，這種為成功而做的努力也會給我們信心，也會驅除消極的想法，代之以積極的思想。它激發創造力，促使我們忙碌，也就沒有時間與心情去為那些往事憂慮、悲傷了。

在一次音樂會上，世界著名的小提琴家歐爾·布爾的小提琴的A弦突然斷了，他面不改色地以剩餘的3條弦演奏完全曲。「這就是人生，斷了一條弦，你還能以剩餘的3條弦繼續演奏。」佛斯狄克說。

這已不是單純的人生，而是超越生命的凱歌！

如果我能夠做到，我會把威廉·伯利梭的這句話刻在銅版上，掛在每一所學校裡：「生命中最重要的一件事，就是不要把你的收入拿來算作資本。任何一個人都會這樣做。真正重要的是，要從你的損失中獲利。這就需要有才智才行，聰明人和傻子的區別就在這裡。」

第2章 擺脫煩惱的困擾

如果你被別人踢了，或者是被別人惡意批評了，請記住，他們之所以這樣做，是因為這能使他們獲得一種自以為重要的感覺，而這通常也意味著你已經有所成就，並且值得別人注意。

哲學家叔本華說過：「小人常為偉人的缺點或過失而得意。」有很多人都是憑藉指責比自己強大的人來得到滿足感的。所以，如果你受到批評，不要氣餒。因為批評你會給他一種滿足感，也說明你是有成就的，是引人注意的。

如若你的年齡還不到18歲的話，那麼你可能即將做你生命中最重要的兩項決定。這兩項決定將深深地改變你的一生；這兩項決定對你的幸福、你的收入、你的健康，可能有深遠的影響；這兩項決定可能使你今後的人生飛黃騰達，也可能會使你落魄一生。

如果我們達不到我們想要的目標，最好不要讓憂慮和悔恨來苦惱我們的生活。我們要學會原諒自己，要放豁達一點。

不要以批評他人來滿足自己

1929年，一個年僅30歲的年輕人被任命為芝加哥大學校長。芝加哥大學在美國大學中排名第四位。這件事震動了美國教育界，各地學者紛紛前往芝加哥，都想知道這位新校長是個什麼樣的人。

原來，這個引起轟動的年輕人名叫羅伯特·哈欽斯，半工半讀地從耶魯大學畢業後，做過作家、伐木工人、家庭教師和賣成衣的業務。8年後，他一躍而升為芝加哥大學的校長。他的閱歷真令人難以相信。

老一輩教育人士都大搖其頭，人們對他的批評就像山崩落石一樣，一齊打在這位「幸運兒」的頭上。有的說他太年輕了，經驗不夠；有的說他教育觀念不成熟。總之，說什麼難聽話的都有，甚至各大報紙也參與了攻擊。

在羅伯特·哈欽斯就任那天，有一個朋友對他的父親說：「今天早上我看見報紙上的社論攻擊你的兒子，我真替他擔心。」

「我也看見了，」哈欽斯的父親回答說，「話說得很凶。可是請記住，從來沒有人會踢一隻死狗的。」

不錯，一隻狗越重要，踢牠的人越能夠感到滿足。後來成為英王愛德華八世的溫莎王子（即溫莎公爵），他的屁股也被人狠狠踢過。當時他在帝文夏的達特莫斯學院讀書——這個學校相當於美國安那波里市的海軍學院。

溫莎王子那時候才14歲。有一天，一位海軍軍官發現他在哭，就問他怎麼了。他起先不肯說，後來終於說了真話：他被海軍軍官學校的學生踢了幾腳。指揮官把所有的學生召集起來，向他們解釋王子並沒有告狀，可是他想曉得這些人為什麼要這樣虐待溫莎王子。

大家推諉，拖延了半天之後，才有人承認說：等他們自己將來成了皇家海軍的指揮官或艦長的時候，他們希望能夠告訴別人，他們曾經踢過國王的屁股。

可見，有很多人都是憑藉指責比自己強大的人來得到滿足感的。所以，如果你受到批評，不要氣餒。因為批評你會給他一種滿足感，也說明你是有成就的，是引人注意的。

哲學家叔本華說過：「小人常為偉人的缺點或過失而得意。」

可能誰都不會認為耶魯大學校長是一個庸俗的人，可是擔任過耶魯大學校長的蒂莫西·德懷特卻對一個競選總統的人破口大罵：「如果此人當上總統，我們就會看見我們的妻子和女兒成為合法賣淫的犧牲者。我們會大受羞辱，受到嚴重的損害，我們的自尊和德行都會消失殆盡，使人神共憤。」

喬治·華盛頓也曾經被人家罵作「偽君子」、「大騙子」和「只比謀殺犯好一點點」的人。有張報紙上的漫畫畫著他站在斷頭台上，那把大刀正準備把他的頭砍下來；在他騎馬從街上走過的時候，還有一大群的人圍著他又叫又罵。

不過這些都是很久很久以前的事了，也許從那時候開始，人性已經有所改進。讓我們拿1909年4月6日乘雪橇到達北極而震驚全球的著名探險家皮爾里海軍上將作例子。

幾百年來，無數勇敢的人為了要達成這個目標而挨餓受凍，甚至喪生。皮爾里也差點因為飢寒交迫而死去，他的8根腳趾因凍僵受傷最後不得不割除，他在路上所碰到的各種災難使他擔心自己會發瘋。而他那些華盛頓的上級海軍官員們卻因為他這樣受到歡迎和重視而嫉妒非常，於是他們誣告他假借科學探險的名義斂財，然後「無所事事地在北極享受逍遙」。而且他們可能還真相信這句話，因為無知的人是不可能知道冰天雪地的北極那些難以想像的困難的。他們想羞辱和阻撓皮爾里的決心，強烈到最後必須由麥金利總統直接下令，才使皮爾里能在北極繼續他的研究工作。

但如果皮爾里當時是在華盛頓的海軍總部辦公室的話，他就不會引起別人的嫉妒和批評了。格蘭特將軍的經歷比皮爾里上將更尷尬。

在1862年，格蘭特將軍贏得了北軍第一次決定性的勝利，使得他頓時成為全國性的偶像，甚至在遙遠的歐洲也引起了相當大的反應。這場戰爭使得從緬因州一直到密西西比河岸，處處都敲鐘點火以示慶祝。但是在得到這次偉大勝利的6個星期之後，他卻莫名其妙地遭到了逮捕，兵權也被剝奪，使他遭受羞辱而失望地哭泣。

為什麼格蘭特將軍會在勝利的巔峰狀態被捕呢？是因為他的功績引起了他的那些不可一世的上級的嫉妒和憤恨。當你因為不公正的批評而憂慮的時候，請你這樣想：不公正的批評通常是一種變態的恭維。

別讓批評之箭傷害你

斯梅德利·巴特勒少將，人稱「錐子眼」、「地獄老惡魔」，他是所有統率過美國海軍陸戰隊將領中最多姿多彩的一位少將，我慕名去訪問他。

他並沒有人們傳言的那麼可怕。他告訴我，他年輕的時候拚命想成為最受歡迎的人物，想使每一個人都對他有好印象。在那段日子裡，一點點的小批評都會讓他難過許久。可是他承認，在海軍陸戰隊的30年裡使他變得非常堅強。

「我被人家責罵和羞辱過，」巴特勒少將說，「我被那些罵人專家罵過，罵我是黃狗，是毒蛇，是臭鼬。在英文裡所有能夠想得出來的而印不出來的髒字眼，都曾經用來罵過我。當時我曾為此十分難過。我現在要是聽到有人在我後面罵我，我甚至連頭都懶得回。」

巴特勒對那些批評謾罵不在乎了，但我們大多數人對這種不值一提的小事情卻看得過分認真。我還記得在很多年以前，有一個紐約《太陽報》的記者，參加了我辦的成人教育班的示範教學會，然後寫了一篇報導，對我的工作以及個人多有攻訐。

我當時非常生氣，認為這是他對我個人的一種侮辱。於是，我打電話給《太陽報》執行委員會的主席，一定要他刊登一篇文章說明事情的真相，絕不能這樣嘲弄我。我當時下定決心要讓他們還我一個公道。

時過境遷，我現在對當時的作為感到非常慚愧。我現在才了解，買那份報的人大概有一半不會看到那篇文章，看到的人裡面又有一半只把它當做一件小事情來看；而在真正注意到這篇文章的人裡面，又有一半人在幾個星期之後就會把這件事情忘得一乾二淨。

我現在才了解，一般人根本就不會想到你我，或是關心別人批評我們的什麼話，他們只會想到他們自己——在早飯前，早飯後，一直到半夜12點過10分。他們對自己的小問題的關心程度，要比能置你或我於死地的大消息高一千倍。

即使我們被人騙了出賣了，被人打了一頓，被最親近的密友背叛，我們也不要自怨自艾。相反，我們正好可以提醒自己，那正是發生在耶穌身上的遭遇。他12位最親信的門徒中，有一位僅僅為了現在算來大約19美元的金錢就背叛了他；另一位則3次公開發誓他與耶穌沒有任何關係。出賣他的人占到了六分之一。想一想，連耶穌都有過這樣的悲慘遭遇，我們憑什麼希望得到更好的境遇呢？

很早以前我就發現，雖然我不能阻止別人不對我做任何不公正的批評，我卻可以做一件更重要的事：我可以保證自己不受那些不公正批評的干擾。說得明白些，我並不贊成完全不理會所有的批評，正相反，我所說的只是不理會那些不公正的批評。

有一次，我問羅斯福總統的夫人怎樣處理那些不公正的批評，她告訴我說：「只要做你心裡認為是對的事——因為你反正是會受到批評的，做也該死，不做也該死。」這就是她對我的忠告。

當年在華爾街40號美國國際公司任總裁的馬修·布魯斯曾回答過「我對別人的批評是否敏感」的問題。他說：

「是的，我早年對這種事情非常敏感。我當時正在樹立自己的完美形象，只要聽到一點議論，就會使我憂慮。只要哪一個人對我有一些怨言，我就會想辦法去取悅他。可是我所做的討好他的事情，總會使另外一個人生氣。然而，等我想盡辦法又取悅了這個人，又會惹惱其他的一兩個人。

最後我發現，我越想去討好別人，以避免別人對我的批評，就越會使我的敵人增加。所以最後我對自己說：『只要你超群出眾，你就一定會受到批評，還是順其自然吧！』

從那以後，我就決定只盡我最大能力去做，而把我那把破傘收起來。讓批評我的雨水從我身上流下去，而不是滴在我的脖子裡。這樣做的結果是各種批評議論反而少了。」

美國作曲家迪姆斯·泰勒不但能夠坦然面對批評，還能在公開場合一笑置之。他有一次在星期日下午的電台音樂節目中發表評論，有位女士寫信給他，稱他為「騙子、叛徒、毒蛇和白痴」。泰勒在他的著作《人與音樂》中說：

我開始並沒有多想，只認為她是隨意說說的，不是真心的，於是在下週的廣播節目中我向所有的聽眾讀出了這封信。可是幾天後，我又收到了那位女士的來信，信中她仍堅持說我是騙子、叛徒、毒蛇與白痴。

泰勒處理別人攻訐的態度——真誠、鎮定以及高度的幽默感，實在令人佩服。

一個老德國工人跟其他的工友為戰爭問題發生爭執，結果他被工友們丟到了河裡。當他爬上岸時，渾身都是泥和水。他的老闆查爾斯．施瓦伯先生問他將怎樣懲罰把他丟進河裡的人，他說：「我只一笑置之。」

後來，施瓦伯到普林斯頓大學發表演講時，頗為感慨地說，他所學到的最重要一課，就是這個老德國工人教給他的。後來他就把這個老德國工人的話——「只一笑置之」——當做他的座右銘。

當有人不公正地批評你時，這個座右銘尤其管用。別人罵你的時候，你可以回罵他，可是對那些「只一笑置之」的人，你能說什麼呢？

林肯若是去計較每一句罵他的話，恐怕他早就受不住內戰壓力而崩潰了。他寫下的關於如何處理對他批評的方法，已經成為一篇文學上的經典之作。在第二次世界大戰期間，麥克阿瑟將軍曾經把它抄下來，掛在他總部書桌後面的牆上；邱吉爾也把這段話裱了畫框，掛在他書房的牆上。這段話是這樣說的：

只要我不對任何攻訐做出反應，這件事就只有到此為止。我盡力而為，我將繼續如此直到生命結束。到最後，結果證明我是對的，所有的責難都沒有任何意義；反之，結果證明我錯了，那麼就是有10位天使為我作證，也不會起絲毫作用了。

勇敢地承認錯誤

我住的地方幾乎是紐約的地理中心點，但從我家步行不到一分鐘，就可到達一片森林。這塊沒有被破壞的林地是座森林公園，當春天的時候，樹叢裡的野花白茫茫一片，松鼠在林間築巢育子，高過馬頭的青草鬱鬱蔥蔥。我常常帶著我的小波士頓鬥牛犬雷斯——這是一隻友善而不傷人的小獵狗——到公園裡散步。因為我們在公園裡很少碰到人，我常常不替雷斯綁狗鏈或戴口罩。

有一天，我帶著雷斯開始例行的散步活動。不巧的是，在公園遇見一位騎馬的警察，他有點迫不及待想要表現出他的權威，因此他威嚴地說：

「你為什麼讓你的狗跑來跑去，不幫牠繫上鏈子或戴上口罩？難道你不曉得這是違法的嗎？」「是的，我曉得。」我輕柔地回答，「不過，我的狗從不咬人。」「你說不咬，牠就不咬了嗎？牠要是在這裡咬死松鼠，或咬傷小孩，你負得起責任嗎？這次我不追究，但假如下回讓我看到這隻狗沒有繫上鏈子或戴上口罩在公園裡的話，你就必須跟法官解釋啦。」

我也的確遵守了，而且遵守了好幾次。可是雷斯不喜歡戴口罩，我也不喜歡那樣，因此我們決定碰碰運氣。事情很順利，但接著我們就遇上了麻煩。那天下午，雷斯和我正跑上一座小山丘，突然間——很不幸——我看到那位法律的權威，騎在一匹紅棕色的馬上。雷斯跑在前頭，直向那位警察衝去。

我知道這次肯定麻煩了，於是我決定不等警察開口就先發制人，我說：「警官先生，這下你當場逮到我了。我有罪，我沒有託詞，沒有藉口了。你上星期警告過我，若是再帶小狗出來而不替牠戴口罩你就要罰我。」

「好說，好說，」沒想到警察回答的聲調很柔和，「我曉得在沒有人的時候，誰都忍不住要帶這麼一條小狗出來散步。」

「的確是忍不住，」我回答，「但這是違法的。」

「不過這麼小的狗大概不會傷人吧？」警察反而為我開脫。

「是的。但牠可能會咬死松鼠。」我說。

「既然如此，」他告訴我，「念你是初犯，我就原諒你……你只要讓牠跑過小山丘，到我看不到的地方……事情就算過去了。」

和平常人一樣，那位警察也希望得到一種尊重感。因此，當我請求處罰的時候，他的自尊心得到了極大的滿足，最後就以寬容的態度表現出他的慈悲。

如果我們知道免不了會遭受責備，何不搶先一步，自己先認罪呢？聽自己譴責自己不比挨人家的批評好受得多嗎？

假若你遇到這種情況，就首先自己承認錯誤，那麼十之八九會得到寬厚諒解，就像那位寬容的警察對待我和雷斯那樣。

商業藝術家費丁南．華倫曾使用這個技巧，贏得了一位暴躁易怒的藝術品顧主的好印象，下面就是華倫先生講的一個小故事。

繪製商業廣告和出版物最基本的要求就是要精確，要一絲不苟。有些藝術編輯性格急躁，往往要求他們所交下來的任務立刻完成。在這種情形下，難免會出現一些小錯誤，而且有些藝術組長還喜歡從雞蛋裡挑骨頭。我每次離開他們的辦公室時，心裡總是不大舒服，不是因為他的批評，而是因為他攻擊我的方法。

最近我交了一件萬分火急的稿子給一位藝術組長，他打電話給我，要我立刻到他辦公室去。他說出了問題。當我到辦公室之後，正如我所料——麻煩來了。他滿懷敵意，似乎很高興有了挑剔我的機會。他惡意地責備我一大堆問題——這正好是我運用所學進行自我批評的機會。因此我說：「你批評得非常正確，我的失誤太大了。我為你做了這麼多年稿，實在不該出這樣的低級錯誤。我覺得慚愧。」

我的沉痛表情改變了他的態度，他反而為我辯護起來：「是的，你的話並沒有錯。不過，畢竟這不是一個嚴重的錯誤，只是……。」

我說：「你不必為我說話。任何錯誤，代價可能都很大，都叫人不舒服。」

他又想插嘴，但我不給他機會。有生以來我第一次批評自己——我的感覺非常好。「我不應該那麼粗心，」我繼續說，「你提供給我的工作機會很多，照理我應該使你滿意，因此我打算重新再來。」

「好了！好了！」他臉上有了笑意，「不用那麼麻煩了。」他開始讚揚我的作品，告訴我他只需要稍微修改一下就行了，又說一點小錯不會花公司多少錢。畢竟，這只是小節——不值得擔心。

我再一次嚴厲地批評自己，使他怒氣全消。結果他邀我共進午餐，分手之前他開給我一張支票，又交代我另一件工作。

一個人有勇氣承認自己的錯誤，其實也可以得到某種滿足感。因為承認自己的錯誤不僅可以清除罪惡感和產生自我辯護的氣氛，而且有助於解決這項錯誤所製造的問題。

保護自己，為自己的錯誤辯護，是人的天性。但是，能承認自己錯誤的人，都會獲得別人的諒解，並給人以謙恭而高尚的印象。在香港卡內基課程任教的麥克·莊告訴我們，華人文化所帶來的一些特別的問題，在某些時候應用某一項原則，可能比遵守一項古老的傳統更為有益。他班上有一位中年同學，多年來他的兒子都不理他。原因是這位做父親的以前是個鴉片鬼，但是現在已經戒掉了煙癮。

根據華人傳統，年長的人向晚輩承認錯誤是一件很丟臉的事。他認為他們父子要和好，必須由他的兒子採取主動。在這個課程剛開始的時候，他和班上同學談到他從來沒有見過的孫子，以及他是如何地渴望和他的兒子團聚。他的同學都是中國人，了解他的欲望和古老傳統之間的衝突。這位父親覺得年輕人應該尊敬長者，他已經改掉了壞習慣，所以他的兒子應該向他低頭。

但這個課程快結束的時候，這位透過學習長了見識的父親卻改變了看法。「我仔細考慮了這個問題，」他說，「戴爾·卡內基說：『如果你錯了，你就應該馬上並且明白地承認你的錯誤。』我現在去承認錯誤雖然已經太晚了，但是總能表明我的誠意。我錯怪了我的兒子，他不來看我，以及把我趕出他生活之外，是完全正確的。我去請求年幼的人原諒我，固然使我很沒面子，但是犯錯的是我，我有責任承認錯誤。」

全班同學都為他的省悟鼓掌，並且完全支持他。在下一堂課中，他滿面笑容地講述了他怎樣到他兒子家裡，請求原諒，並且怎樣開始和他的兒子、兒媳以及終於見到面的孫子建立起新的關係。

在美國歷史上，對南北戰爭時的李將軍有一筆極美好的記載，就是他把畢克德進攻蓋茲堡的失敗全部歸咎在自己身上。畢克德的那次進攻，無疑是西方世界史上一場最顯赫、最輝煌的戰鬥。畢克德本身就很輝煌。他長髮披肩，並且跟拿破崙在義大利戰場上一樣，差不多每天都在戰場上寫情書。

在那悲劇性的7月午後，當他的軍帽斜戴在右耳上方，輕盈地放馬衝刺北軍時，他那群效忠的部隊不禁為他喝彩起來，跟隨他向前衝刺。隊伍密集，軍旗翻飛，軍刀閃耀，陣容威武、驍勇、壯大，連北軍都為這支勇敢出色的隊伍喝彩。

畢克德的隊伍輕鬆地向前衝鋒，穿過果園和玉米田，踏過草地，翻過山丘。同時，北軍大砲一直沒有停止向他們轟擊。但他們繼續挺進，毫不退縮。

忽然，北軍步兵從隱伏的山脊後面衝了出來，對著畢克德那毫無防備的軍隊發起一陣又一陣射擊。山間硝煙四起，慘烈猶如屠場，一排排的人猶如割倒的麥穗整齊地躺倒在地上。幾分鐘之內，畢克德麾下所有的旅長除一人之外，全體陣亡，五千士兵折損四千。畢克德統率其餘部隊拚死衝刺，奔上石牆，把軍帽頂在指揮刀上揮舞，高喊：「弟兄們，宰了他們！」

他們做到了。他們跳過石牆，用槍把、刺刀拚死肉搏，最終把南軍軍旗豎立在墓地山脊北方軍的陣地上。

軍旗只在那裡飄揚了一會兒，但那短暫的一會兒，卻是南軍戰功的輝煌紀錄。畢克德的衝鋒雖然光榮，勇敢，然而都是戰爭進入尾聲的轉折點。李將軍失敗了。他沒辦法突破北方，而他也明白這點。

南方失敗的命運早就注定了。

李將軍震驚不已，異常沉痛的他將辭呈送交南方的戴維斯總統，請求改派「一個更年輕有為之士」來統率部隊。假如李將軍要把畢克德的進攻所造成的慘敗歸咎於任何人的話，他能夠找出數十個藉口：有些師長失職，騎兵到得太晚，不能接應步兵……總之，可以說這事不對，那事也錯了。

但是李將軍太高尚了，他不願意責怪別人。當殘兵從前線退回南方戰線時，李將軍親自出迎，自我譴責起來。「這是我的過失，」他承認說，「我，因我一個人，打輸了這場戰鬥。」

歷史上很少有將軍有如此的勇氣和情操，勇於自己承擔戰爭失敗的責任。

艾柏．赫巴是一位獨具風格的風雲作家。他那尖酸的諷刺文字常常鬧得滿城風雨。但是赫巴那少見的待人處世技巧，常常將他的敵人變成朋友。

曾經有一位憤怒的讀者寫信給他，表示對他的某些文章不以為然，結尾又痛罵他一頓。赫巴卻不慍不怒地這樣回覆：

回想起來，我也不完全同意自己的認識。我昨天所寫的東西，今天不見得全部滿意。我很高興知道你對這件事的看法。下回你在附近時，歡迎駕臨，我們可以交換意見。遙祝誠意。

赫巴謹上面對這樣一個虛心誠懇的人，你就是有滿腔的仇恨，又能怎麼樣呢？

當我們的意見正確時，我們要試著溫和地、技巧地使對方同意我們的看法；而當我們錯了——不要迴避，更不要強詞奪理——應迅速而熱誠地承認。這種技巧不但能產生驚人的效果，而且，信不信由你，任何情形下，都要比為自己爭辯要有利得多。

請記住一句古語：「用爭鬥的方法，你絕不會得到滿意的結果；但用讓步的方法，收穫會比預期的高出許多。」

人生最重要的抉擇

本章是為那些尚未找到理想工作的青年男女而寫的。如果你處於這種情況，閱讀本章會對你將來的生活產生深遠的影響。

如若你的年齡還不到18歲的話，那麼你可能即將做你生命中最重要的兩項決定。這兩項決定將深深改變你的一生；這兩項決定對你的幸福、你的收入、你的健康，可能有深遠的影響；這兩項決定可能使你今後的人生飛黃騰達，也可能會使你落魄一生。

那麼，是什麼決定如此重要呢？

第一個決定：你將以何為生？你是想做一名農夫、郵差、化學家、森林管理員，還是做一名速記員、獸醫、大學教授呢？或是想擺一個牛肉餅攤子？

第二個決定：你將選擇誰做你的終身伴侶？

這兩項重大決定通常都像賭博。哈里．愛默生．佛斯狄克在他的《透視的力量》中說：「每位小男孩在選擇度過一個假期的方式時，都是一個賭徒。他必須以他的日子作賭注。」

怎樣降低選擇假期時的這種賭博性風險呢？下面我將盡可能地告訴你。首先，如果可能的話，應試著去尋找你所喜歡的工作。有一次我請教大衛．古里奇輪胎製造商古里奇公司的董事長，成功的第一要素是什麼。他回答說：「喜愛你的工作。如果你喜歡你所從事的工作，那麼工作就猶如玩遊戲。」

愛迪生就是一個很好的例子。這位未曾進過學校的送報童，後來竟改變了美國的工業和生活狀況。愛迪生幾乎每天都在他的實驗室裡辛苦工作18個小時，在那裡吃飯、睡覺，但他絲毫不以為苦。他說：「我一生中從未做過一天苦工，我每天都快樂無比。」

這就是他成功的奧祕。

查理．史茲韋伯也有這樣的論斷，他說：「每個從事他所無限熱愛的工作的人，都可以成功。」

或許你會說：「我剛剛從學校畢業，對工作毫無了解，怎麼會知道我對哪項工作感興趣呢？」艾德娜．卡爾夫人曾為杜邦公司僱用過數千名員工，現為美國家庭產品公司的公共關係部副總經理。她說：「我認為，世界上最大的悲劇，就是許多年輕人根本從未想過，也不知道他們究竟想做些什麼。我想，一個人如果只從他的工作中獲得薪水，而無其他作為，那才是最可憐的。」

卡爾夫人說，每年都有很多畢業生拿著碩士學位、學士學位到她那裡問是否有適合他們的工作。他們竟然不曉得自己能夠做些什麼，也不知道希望做些什麼。所以那些人往往在青年時代野心勃勃，懷著充滿玫瑰般的美夢，但到了四十多歲以後，卻一事無成，愁苦煩悶，甚至精神崩潰。

事實上，選擇適合你的工作，對你的健康十分有益。約翰斯·霍普金斯醫院的雷蒙大夫與幾家保險公司聯合做了一項調查，研究使人長壽的因素，結果「合適的工作」被確定為第一要素。這正好符合了蘇格蘭哲學家卡萊爾的名言：「祝福那些找到他們心愛工作的人，他們再不用乞求其他的幸福了。」

在過去的20年當中，柯哥尼石油公司的人事經理保羅·波恩頓至少接見過六萬名求職者，他為此曾出版過一本名為《謀職的六個方法》的書。我問他：「現在的年輕人求職時所犯的最大錯誤是什麼？」

波恩頓先生說：「他們對自己所要從事的工作都非常盲目，這真是叫人萬分驚駭。有些人選購一件衣服都比選擇一份關係畢生命運的工作所用的心思更多——而他將來的全部幸福和安寧都與將要從事的工作息息相關。」

面對競爭激烈的社會，我們怎樣解決這項難題呢？

如果你茫然無措，你可以去找一個叫做「職業輔導」的新行業，但這個行業不穩定，它也許可以幫助你，也許將會損害你——全賴你所找的那位輔導員的能力和個性而定。這個新行業還不十分完善，甚至連起步也談不上，可它的發展潛力非常大。你如何利用這個新機構指導自己選擇呢？你可以在你住處附近找到這類機構，然後接受職業測驗，並接受他們對你的職業輔導。

不過，他們只能根據你提供的情況提出建議，最終的選擇還需要你自己拿主意。而且，這些輔導員並非絕對可靠。他們之間經常也有相反的意見。他們有時的判斷也會令人啼笑皆非。

有一個職業輔導員曾經建議我的一位學生當一名作家，理由僅僅是因為她的詞彙量很大。多荒謬可笑！寫作並不是一件簡單的事，好作品是將你的思想和感情傳達給你的讀者，要達到這個境界，不僅需要豐富的詞彙，更需要思想、經驗、說服力和熱情。那個職業輔導員讓這位有豐富詞彙的女孩子當作家，實際上是做了一件差強人意之事：他要把一位極佳的速記員改變成一位難以勝任的準作家。

應該告訴你的是，職業指導專家——即使是我和你——也並非絕對可靠。你也許該多找幾個輔導員，然後憑普通常識判斷他們的意見。

也許我在這裡過多地說了一些令人擔心的話，但如果你了解了多數人的憂慮、悔恨和沮喪，都是因為不重視工作而引起的，你就不會覺得奇怪了。你的父親、鄰居，或是你的老闆，對此類情形可能會有一定的理解。

哲學家約翰・史都華・彌爾宣稱，工人不能適應工作是「社會最大的損失之一」。是的，世界上最不快樂的就是憎恨自己日常工作的人。

你知道在軍隊中容易「崩潰」的是哪些人嗎？他們往往是被分派到錯誤部隊的人！那些人即使在普通任務中也會精神崩潰。

一位精神病專家在第二次世界大戰期間主持陸軍精神病治療部門，他說：「我們發現在軍隊中正確挑選人員和安排工作是至關重要的，也就是說要使適當的人去從事一項適當的工作……最重要的是，必須要讓一個人了解他的工作的重要程度。當一個人對他所進行的工作不感興趣時，工作起來就會無精打采，而且還會覺得他不受欣賞和重視，會有一種懷才不遇的感覺。在這種情況下，我們發現，他即使沒有患上精神病，也早已埋下了精神病的隱患。」

因為同樣的原因，一個人若在工商企業中「精神崩潰」，若他對他的工作和事業沒有興趣，他也同樣可以把它弄得一團糟。

我要告誡青年朋友的是，不要因為你的家人希望你做什麼，你就勉強自己從事某一行業。不要貿然從事某一行業，除非你真的喜歡。不過，你必須要仔細考慮父母所給你的勸告。他們的年紀可能比你大一倍，他們已獲得了那種唯有從眾多經驗及過去歲月中才能得到的智慧。但是，最後的決定必須由你自己來做，因為將來工作中的快樂和悲哀只有你自己品嘗。

綜上所述，我有以下建議，也有一些警告，供你在選擇工作時參考。

閱讀並研究關於選擇職業的建議

下面這些建議是由最權威人士提供的，是美國最成功的一位職業指導專家基森教授所擬定的。

如果有人聲稱有一套神奇的方法可以為你的擇業傾向指點迷津，千萬不要去找他。這些人包括摸骨家、星相家、「個性分析家」、筆跡分析家，他們的辦法均不可靠。

不可輕信那些說只要做一項測試就能告訴你該從事哪種職業的人。這種人根本就已違背了職業輔導員的基本原則。職業輔導員必須綜合被輔導人的健康、社會、經濟等各種情況提出建議，同時他還應該提供就業機會的詳細資料。

應找一位擁有豐富的職業資料藏書的職業輔導員，並積極接受輔導，正確運用職業資料和書籍。

注意：完全的就業輔導服務至少要經過兩次以上的面談。

千萬不要接受函授就業輔導。

不要選擇那些人滿為患的職業

除非你有特殊才能，否則，不要選擇那些原已擁擠的職業和事業。在美國，共有兩萬多種就業方式，這是一個非常可觀的數字。然而在一所學校內，有近三分之二的男孩子和五分之四的女孩子選擇了5種職業——兩萬多種職業中的5種。

如此看來，少數的事業和職業會人滿為患，白領階層之間會產生不安全感、憂慮和「焦慮症」，也就不足為奇了。

請你特別注意，如果你要進入法律、新聞、廣播、電影以及「光榮職業」等這些已經過分人滿為患的圈子內，你必須要付出驚人的努力。

避免選擇那些成功機會只有十分之一的行業

例如，人壽保險推銷員。每年有成千上萬的人——失業者占大半——事先未打聽清楚，就開始貿然推銷人壽保險。費城房地產信託大樓的富蘭克林·比特格先生對此進行了真實而又恰如其分的描述。

比特格先生在過去20年中一直是美國人壽保險推銷業的領軍人物。他指出，90%第一次推銷人壽保險的人會因種種原因勞而無功，結果在一年內紛紛放棄。至於留下來的，10人當中只有1人可以賣出10人銷售總數的90%，另外9個人只能賣出10%的保險。換一種說法，如果你推銷人壽保險，那你在一年內放棄而退出的機率為90%；留下來的機率只有10%。而且即使經過一年的奮鬥你留下來了，而以後你成功的機會也只有1%而已，否則你維持生活都困難。

全面了解自己初步選定的職業

要達到這個目的，首先你可以和那些已在這一行業中有10年、20年或30年的人士面談。這些會談將十分有助於你未來的發展前途。

這一點我本人深有體會。我在二十幾歲時曾向兩位專業人士請教職業上的指導。現在回想起來，可以清楚地發現那兩次會談是我生命中的轉折點。坦白地說，如果沒有那兩次會談，我實在難以想像我的人生將會是什麼樣子，是否會成功。

怎樣獲得這些職業指導會談呢？為了便於說明，暫時假設你打算做一名建築師。在下定決心之前，你應該花幾個星期的時間去拜訪城裡或附近的建築師。你可以從公用電話簿裡找出他們的電話號碼和住址。然後打電話到他們的辦公室。如果你希望面談，你可以寫信給他們定下見面時間。信的內容大致如下：

有件事需要你幫助，我今年18歲，我的志向是做一名建築師，但不知妥當與否，又不知從何開始。極想聽到你的教誨，請你指教。

如果你太忙，不能在辦公室接見我，而願意賜半個小時的時間在你家中接見我，那我將不勝榮幸。

我想向你請教的問題是：

如果你的生命再從頭開始，你是否還願意再做一名建築師？

在你見到我之後，你是否認為我具有成為一名成功建築師的條件？

建築師這一行業人員過剩嗎？

如果我從此類學校畢業後，要找工作是否困難？我應該首先接受哪一類的工作？

如果我的能力一般，在5年之中，我能賺多少錢？

當一名建築師，有什麼好處和壞處？

如果你是我父親，你願意鼓勵我當一名建築師嗎？

如果你生性靦腆，不善於接觸陌生人，我這裡有兩項建議，你不妨試試。

第一，找一個和你同齡的朋友一起去。這樣，你們彼此可以增加對方的信心。如果你找不到合適的人，你可以請求父親或母親和你一同前往。

第二，你應該明白，你向某人請教，等於是對他的一種信任和認可。對於你的請求，他會有一種被奉承的感覺。其實，成年人一向很喜歡向年輕人提出忠告的。你所求教的建築師必會樂於接受這次訪問。

假若你有足夠的勇氣，又不願寫信，那麼你也可以直接到那人的辦公室去，對他說明來意，相信總有收穫的。

假設你已經拜訪了5位建築師，而他們都太忙了，沒有空閒時間接見你（這種情形不多），那麼你應再去拜訪另外5個。他們之中肯定會有人接見你，向你提供寶貴的意見。這些意見也許可以使你避免走很多彎路，使你有更多的時間和機會去創新、攻關。

注意，你是在從事你生命中最重要且影響最深遠的兩項決定中的一項。因此，在你做出決定之前，多花點時間探求事實真相是很有必要的。如果你不這樣做，你可能會抱憾終生。

在會談後，你可以付給對方一定的報酬，作為他付出的時間和忠告的補償。

嘗試在適合自己的多種行業間發展

一個資質正常的人，既有可能在多項職業上失敗，也有可能在多項職業上成功，這都是很正常的。拿我來說，如果我自己研習並準備從事下述各項職業，我相信，成功的機會一定很多，而且也一定會非常快樂。這一類的工作包括農藝、果樹栽培、科學農業、醫藥、銷售、廣告、報紙編輯、教書、林業等。但另外一些比如簿記、會計、工程、經營旅館和工廠、建築、機械事物以及其他數百項工作，我則不能勝任，若從事則必敗無疑。

百分之七十的煩惱

我寫的這本書並不能解決所有人的財務煩惱，要是那樣的話，我只要坐在白宮替總統出謀劃策就行了，而不必勞神費力地坐在這裡組織文字。不過，我可以在這裡提供一些小貢獻，我可以羅列一些各方面專家、權威的看法，並提出一些切實可行的意見，告訴你獲得書籍和冊子的途徑和方法，使你得到一些意外的教益。

根據《婦女家庭月刊》所做的調查顯示，我們70%的煩惱都跟金錢密切相關。民意測驗協會主席喬治．蓋洛普指出，大多數人都相信，只要他們的收入增加10%，就不會再有任何財政危機。有很多例子的確是這樣的，但也不能一概而論。

我在著手寫這本書時，曾請教預算專家愛爾茜．史塔普里頓夫人。她曾擔任紐約及全培爾兩地的華納梅克百貨公司財政顧問多年。她曾憑藉個人經驗多次幫助過那些被金錢拖累而煩惱不堪的人。她幫助過各種層次的人，從年薪不足一千美元的行李員，至年薪10萬美元的公司經理。她這樣對我說：「事實上，多賺一點錢並不能使大多數人消除財政煩惱。」

在現實生活中，我也經常看到，增加一些收入後，並沒有得到什麼實惠，只是徒然增加一些令人頭痛的開銷而已。「此時大多數人的煩惱，」史塔普里頓夫人說，「並不在於他們沒有足夠的錢，而是不知道如何支配手中已有的錢！」

你可能對後面一句話不以為然，不過，在你再度表示不屑之前，請你搞清楚，她並沒有說「所有的人」，她說的是「多數人」，而不是針對你而言。她指的是你姊妹和表兄弟，他們是一大批人。

有人可能會說：「我希望作者自己來試試看：拿我的月薪，付我的各項帳款，維持我應有的開銷。只要他來試一個月，我保證他也會頭痛，不再說什麼大話。」

這話很對，我也有過經濟困難時期：我曾在密蘇里州的玉米田和穀倉做過每天10小時的勞力。每天累得頭昏眼花，腰酸背痛。我當時所做的那些苦工，薪水少得可憐，不是每小時1美元，也不是10美分，而是5美分。

我清楚長年住在一間沒有浴室、缺水停電的房子裡是什麼滋味；我也知道在零下15度的屋子裡睡覺是什麼滋味；我也有過徒步數里遠，為節省10美分，直至鞋底穿洞、褲底打補丁的經歷；我也常在餐廳裡淨點最便宜的菜，褲子髒了也沒錢送洗衣店。

雖然如此困難，但在那段日子裡，我仍想方設法每月節省下幾個銅板，因為如果我不那麼做，心中就不踏實。

個人生活其實應該和一些公司一樣：花錢應該擬定一個計畫，然後根據那項計畫來支出。可惜，我們大多數人都沒有這樣做。

我的好朋友黎翁．西蒙金告訴我，他發現人們在花錢時常常會表現得意外盲目。他說，他認識的一位會計師，在公司工作時，對數字精明得很；但等到他處理個人財務時，卻從不精打細算，從不考慮房租、電費以及所有各項「雜」費遲早都要由這個薪資袋裡抽出來付掉。然而這個人卻又非常明白，如果他所服務的那個公司以這種貪圖目前享受的方式來經營，那麼公司破產是遲早的事。

有件事不知你考慮過沒有：當牽涉到你的金錢時，你其實就是在經營自己的事業。而你如何打理你的金錢，實際上也確實是你「自家」的事，別人無權干涉。

但是，如何管理我們的金錢？如何進行預算和計畫？現有11條規則，供你參考。

把事實記錄下來

世界聞名的亞諾・班尼特初到倫敦時很窮，生活壓力很大，所以他把每一便士的用途都記錄下來。目的並不是想知道他的錢都花在了什麼地方，只是想做到心中有數。這個方法很實用，50年來，亞諾的這一習慣始終沒有改變。

石油巨擘約翰・洛克斐勒也有這種習慣，他每天晚上禱告之前，總要把每便士的來龍去脈弄個一清二楚，才能安心入睡。

我們每個人都可以去弄個本子來記錄，當然也不一定要記一輩子。預算專家建議我們，至少要在第一個月把我們所花的每一分錢做準確的紀錄，最好能連續做3個月的紀錄。這樣，我們就能依據一個準確的紀錄，知道哪些地方需要花錢，哪些地方需要節省，從而做出自己的預算。

現在你清楚自己的錢究竟花到什麼地方了吧，也許一千個人當中只能找到一個像你這樣的人。史塔普里頓夫人告訴我，通常，當人們花費幾小時時間把事實和數字忠實地記錄在紙上後，他們會難以置信地大叫：「我的錢竟然是這樣花掉的！」你會不會這樣呢？可能也會的！

擬出一個真正適合你的預算

史塔普里頓夫人指出：即使是住同樣的房子、收入同樣多、孩子也同樣多的兩個家庭，他們的預算需要也是截然不同的。為什麼？因為人們的性格是各不相同的。所以，預算必須按照各人的需求擬定。

預算的意義並非是要把花錢的樂趣從生活中通通抹殺掉，它的真正意義在於使人們避免來自物質生活的煩惱和憂慮，從而使精神獲得安全感。史塔普里頓夫人說：「依照預算生活的人，比較快樂！」

你應該怎樣進行具體措施呢？首先，如前所敘，你必須把所有的開銷列出一張清單來，然後要求指導。另外，你還可以致函華盛頓的美國農業部，索取這一類的通俗讀物。在一些大城市的主要銀行還有專職的專家顧問，他們很樂於幫助你擬定家庭預算並解決急需解決的財務問題。

研究理財預算類的小冊子中，我見過的最好的一本名叫《家庭金錢管理》，由「家庭財務公司」發行。另外，這家公司還出版了一整套的此類圖書，討論諸如房租、食物、衣服、健康、家庭裝飾和其他各項問題。你可以向該公司索取。我已細看過這些書，非常好。

學習如何巧妙地開銷

我想告訴你的是一種使你的金錢達到最高價值的方法。所有大公司都設有專門的採購人員，他們的職責就是設法替公司買到最合理的東西。身為你個人產業的主人，你為什麼不這樣做呢？

不要因你的收入增加而無所顧忌

史塔普里頓夫人說，她最頭痛的就是被請去為年薪五千美元的家庭擬定預算。我問她為什麼。她說：「年薪五千美元，似乎是大多數美國家庭的目標。他們要經過多年的艱苦奮鬥才能達到這一標準。而當這一目標一旦實現，他們就認為已經成功，於是就開始瘋狂開銷，在郊區買棟房子；他們認為和租房子花的錢一樣多，再買部車子，買許多新家具以及許多新衣服。等他們意識到什麼時，他們已進入赤字階段了。於是，他們的高收入並沒有使他們更快樂，反而使他們更不快樂，因為他們的收入不足以支付瘋狂的開銷。」

這是很正常的，每個人都有獲得更高生活享受的權利。但從長遠方面來看，是強迫自己在預算之內生活，還是讓債主逼債上門，催帳單催得你精神緊張，到底這兩種方式哪一種能使人更幸福一點呢？

如果必須借貸，應設法爭取銀行貸款

如果你覺得借到一筆資金就可以創業，那你就太幼稚了。因為你就算是有了一些資金，也未必會創業成功。據我所知，那些毫無商業經驗的青年人靠借來的錢做生意而最後能成功的實屬鳳毛麟角。

一個青年人，如果沒有把握就去創業，必定會遇到經濟困難的。但是，假如他確實有相當的能力和充分成功的把握，創業實踐就使他在別人面前樹立了信用，那麼即便他靠借來的本錢創業，依然可以獲得別人的信任。

對於有志於創業的人來說，首先，必須掌握所要從事的業務範圍的詳細情況；其次，還要有挑選錄取合格雇員的眼力。假如這兩點做不到，你所經營的事業就會大打折扣。挑選員工是一項十分重要的工作，如果員工的水準不高，那麼即便你做事很忠誠，待人很誠懇，當你向別人開口借錢以作為你的創業資本時，其他人也會毫不猶豫地一口回絕。

在你創業之初，最好不要心存太大的奢望，開始並不一定非要多大的規模，只要你確實是一個傑出的、能幹的人，經過一段時間的籌劃經營後，事業自然會發展起來。假如你能做到這一點，即使資本是借來的，也沒有多大關係。

比徹在教育他兒子時這樣說：「你得像逃避惡魔一樣避免借債。」年輕人要痛下決心，不論你怎樣急需金錢，最好不要向別人借債。

富蘭克林那「貧窮的查理」裡有句話說得好：「借錢等於自投苦惱的羅網。」法庭上每天那無數的民事糾紛案都證明這句話的正確性。

當然，什麼事都不是絕對的，也有一種例外。當一個人由於意外事件而陷入困境時，當天災人禍從天而降時，往往任何人都難以靠自己的努力去避免，就是那些如日中天的事業也難免遇到意外的困難和阻力。到了那時，無論你怎麼小心謹慎，無論你的決策如何正確，無論你怎樣痛恨向人借錢，為了度過難關，你都必須硬著頭皮去向銀行貸款。但即使到了那時，也要牢記一條原則：「借得慢，還得快。」

這一原則在生意上的放帳和借款中同樣適用，事實上放帳和借款都是不可避免的，但你在這兩個方面都必須能夠控制自己。

一些年輕人由於粗心大意，經常因為借貸不立契約或不立書面的憑據而發生許多有損名譽的糾紛，使他們的前途受到不利的影響，事業遭受打擊，身心也受到極大的摧殘。

我曾見到無數本來大有前途的年輕人由於借債而遭到了意外的失敗。這些青年剛入社會時，或許還沒有染上借債這種惡習。他們原先或許非常看重名譽，也從不喜歡到處去借錢來揮霍，那時他們的前途是非常光明的。但後來由於一點小小的用途，無意中開啟了借債的先例，之後，他們便漸漸越陷越深，難以自拔。

有一個驚人的現象：每年死於債務糾紛的人，比因戰爭而死的人多出數十倍以上。現代的20個天才人物中，居然有7個人因舉債而丟掉了性命，其中包括一位小說家、一位學者、兩位法學家、兩位政界名人和一位演講天才。

一貫為人敬仰的美國名人史蒂芬遜，做人特別小心謹慎，可是他在描述自己理想中的生活時，還戰戰兢兢地希望自己不要陷入借債的漩渦中。

史蒂芬遜說：「我們對他人應該熱愛和忠誠，平時應當量入為出。對於自己的家庭，應當保持快樂的氣氛。對朋友，必須竭力避免仇恨，當然也絕不可忍受喪失自尊的屈辱。假如遇到蠻不講理的人，最好的辦法是避開他們——這是通向理想生活的捷徑。」紐維爾．希里斯博士也說：「你要使自己過上一種安穩的生活，要保持自己的人格和名譽，必須要遵守一條規律：那就是賺得多花得少。」在這個危機四伏、處處荊棘的現代社會，好像沒有什麼比這件事更令人應該慎重對待了。

那些喜歡向別人借債的年輕人的悲劇，在於他們看不到借債背後所隱藏的危險。假如他們明白萬一不能還清債務的嚴重後果：包括喪失人格、迫不得已的撒謊、可能的營私舞弊、為逃避債務而東躲西藏等窘況，他們一定會後悔莫及，寢食難安。而當他們一旦弄清戴上了債務的手銬無法掙扎的情形，他們一定會喊起來：「寧可餓死也不做債務的奴隸。」

欠債是最令人難堪的事情。只有那些因債務纏身、時刻受著債主的追逼與壓迫、因債務而吃盡苦頭的人，才能了解負債者的苦惱。債務會把一個人的體力、氣魄、人格、精神、志趣、雄姿消磨得一乾二淨；同時，債務對人精神的壓力，能毀滅一個人一生的希望。

辦理醫藥、火災以及緊急開銷的保險

生活中常常會有各種意外、不幸以及一些不可意料的緊急事件發生，而這些意外都有小額的保險可供投保。我當然不是要你樣樣都投保，但我鄭重建議，你不妨為自己投一些主要的意外險，否則，萬一有了麻煩，花錢事小，還會為你帶來不必要的煩惱。其實這些保險的費用都不算高。

比如說，有位婦人因為辦了醫藥保險，去年她因病住了10天院，出院後，僅僅收到了8美元的帳單。

不要讓保險公司將你的人壽保險一次性付現金給你

假若你投保人壽是為了讓人受益，那麼我奉勸你，不要讓保險公司一次性付現金給你的受益人。

手握許多現鈔的新寡婦會怎麼樣呢？紐約市人壽保險研究所婦女組主任馬利翁·艾伯利告訴我，她在全美國各地的婦女俱樂部演講，指出不讓寡婦一次性領取人壽保險金，而改為領取終生收入的好處。她舉例說，一位收到二千美元人壽保險金的寡婦，把錢取出來給兒子開創汽車零件事業。結果事業失敗了，保險金蕩然無存，她自己窮困潦倒。她還提到另外一位寡婦，聽信了一位房地產經紀人的美麗謊言，把她的大部分人壽保險金拿來購買一些「保證在一年之內增值一倍」的空地。可幾年之後，她卻只拿回最初投資的十分之一。像這樣的悲劇遍地都是。

《紐約時報》經濟編輯施維業·波特在《婦女家庭月刊》上所發表的文章中指出：「2.5萬美元在婦女手中，平均不到7年就會全部花光。」

《星期六晚郵》在其多年前的一篇社論中也說：「眾所周知，由於多數婦女都沒有受過商業培訓，也沒有銀行向她提供可行性建議，所以她很可能在一些謀利的掮客向她進行遊說之後，就貿然把她丈夫的人壽保險金拿去購買不穩定的股票。很多律師和銀行家都能舉出類似的例子：節儉的丈夫多年省吃儉用存的積蓄，只因為他的遺孀或孤兒相信花言巧語的騙子的話，頃刻之間就不名一文了。」

假若你想使你的妻子兒女在你死後過上好日子，你可以向偉大的金融專家J．P．摩根學習。他把遺產分贈給16位受益人，其中有12位婦人，他留給她們的全是有價證券，使她們每月都有固定收入。

如果要買保險，推薦你讀兩本非常有益的小冊子——《如何買保險》和《買自己的保險》。這兩本書在市場上已是很難買到，但可以在公立圖書館借到。

培養子女對金錢的責任感

《你的生活》雜誌上曾刊載過一篇文章，使我終生難忘。作者史蒂拉．威斯頓．吐特從銀行裡取得一本特別儲金簿，交給她9歲大的女兒。每當小女兒得到零用錢時，就將零用錢「存進」那本儲金簿中，母親則自任銀行。然後，每當她須使用10美分或1美分時，就從帳簿中「提出」，再把餘款結存詳細記錄下來。透過儲金簿，小女孩不僅養成了對金錢的責任感，還獲得了記帳的知識和樂趣。

這個辦法真不錯。假若你的兒子或女兒正在讀中學，而你也希望他們正確地處理金錢，我向你鄭重推薦一本值得一讀的好書。這本書叫《處理你的金錢》，對十幾歲學生如何用錢，有很精闢實際的見解，而且從理論到實踐無所不包。同時該書也提及如何準備預算，幫助他們唸完大學。如果我有一位讀中學的兒子，我會讓他認真閱讀此書，然後再讓他幫我擬定一份如何節省開銷的家庭預算。

如果你是家庭主婦，也許可以在家中賺一點外快

有時會發生這種情況：妳已經擬好並執行了你的預算，卻仍然無法彌補開銷。那麼妳可以選擇下述兩種方法中的一種：或者咒罵、焦慮、擔心、抱怨，或者妳想辦法賺一點額外的錢。怎麼做呢？賺錢當然要找人們最需要而目前市場又沒有的東西。家住紐約傑克森山莊的娜莉．史皮爾夫人，就是這麼做的。在1932年，她的丈夫已去世，兩個兒子都已結婚。有一天，她到一家餐廳的蘇打水櫃台買冰淇淋，發現櫃台也兼賣水果派，可那水果派做得非常差勁。她問店家是否願意代賣她提供的真正的家製水果派。於是，店家向她訂了兩塊水果派。

史皮爾夫人對我講述她的故事時說：「我的手藝也不錯，但我家在喬治亞州時一直請有女傭，我親手烘製餅乾的次數很少。在那位店主向我預訂兩個水果餅之後，我向一

位鄰居請教了製蘋果派的方法。結果，那家餐廳的顧客十分讚賞我初次做的那兩塊水果派——一塊蘋果派，一塊檸檬派。餐廳第二天預訂了5塊；後來，數量逐漸增大，而且其他餐廳也陸續來向我訂貨。結果在短短的兩年之內，我的訂單已增加至每年五千塊。我是單獨一人在我自己的小廚房內完成全部工作的，我一年的收入已高達1萬美元，這其中除了材料費外，沒有任何額外費用。」

史皮爾夫人的訂單越來越多，後來她不得不租下一間店鋪，僱了兩個女孩幫忙。在世界大戰期間，人們排長隊等著購買她的水果派、蛋餅、捲餅……。

「這是我一生中最快樂的時光，」史皮爾夫人說，「我每天都要工作12到14個小時，但我樂此不疲。因為對我來說，那根本不算是工作，而是生活中一種奇異的享受。我只是盡我的能力來使人們更加快樂。我太過忙碌，無暇憂愁或寂寞。這份工作彌補了我母親及我丈夫去世留給我的悲傷，使我生活得無比充實和愉悅。」

娥拉．史令達夫人的經歷與史皮爾夫人相似。她住在一個有3萬人口的伊利諾州的一座城市。她的事業是以10美分的原料開始的。當時，她的丈夫生病了，她必須賺點錢補貼家用。可是，她只不過是一名沒有經驗、沒有技術、沒有資金的家庭主婦。怎麼辦呢？她從一枚蛋中取出蛋清加上一些糖，在廚房裡做了一些餅乾，然後她帶著自己的工作成果站在學校附近，將餅乾賣給正放學回家的學童，第一週她就賺了4.15美元。她從工作中找到了生活情趣，同時也為孩子們帶來了快樂。她開始忘記憂愁，快樂起來。

娥拉．史令達夫人從這座城市的小試身手中，嘗得了甜頭，她決定向外擴展——找個代理人在繁華的芝加哥出售她的家製餅乾。她的第一個合作夥伴是一位在街頭賣花生的義大利人。起初他並不肯合作，但當他嘗了一塊餅乾樣品後，覺得味道非常香美，於是開始出售她的餅乾。4年後，史令達夫人在芝加哥開了第一家商店，店面有8英尺寬。她晚上做餅乾，白天出售。

這位以前相當膽小的家庭主婦，從她廚房的爐子上開始創業，現在已擁有19家店鋪，而且18家都設在芝加哥最熱鬧的洛普區。

我想告訴你的是，娜莉．史皮爾夫人和娥拉．史令達夫人對金錢採取的積極做法很值得借鑑。她們以最簡陋的方式，從廚房出發——沒有租金，沒有廣告費，沒有薪水。在這種幾乎沒有任何費用的情況下，她們成功地擺脫了財務煩惱，開創了自己的事業。

觀察你的四周，你將會發現許多行業尚有空席。例如，如果你自己是一名高級廚師，你可以在你的廚房內簡單地開一個烹飪培訓班，培養一些年輕廚師。這也是賺錢之道，說不定上門求教的學生還會絡繹不絕呢。

教你利用業餘時間賺錢的書籍很多，你可到公立圖書館借閱。不管男女，工作機會都是很多的。但我必須給你一個忠告：除非你天生有推銷的才能，否則不要嘗試去挨家挨戶推銷，能夠在這一行中成功的人極少。

永遠不要賭博

對於那些想從賽馬或玩吃角子的機器上贏錢的人，我總是覺得既可恨又可悲。因為我認識一個靠這種「單手土匪」機器賺錢謀生的人，他給予那些企圖打敗他早已設計好用來騙他們錢的機器的人，更多的是輕視，卻沒有絲毫同情。

在我開辦的成人教育班上有一名學生，是美國一名最佳的賽馬老手。他告訴我，根據他對賽馬的了解和認識，沒有人能從賭賽馬中賺到錢。然而，每年卻有無數的傻子在賽馬中賭下60億美元，這筆錢是美國在1910年全國總債務的6倍。

他還說如果他想報仇，再也沒有比說服那位仇人去賭賽馬更好的方法了。我問他，若根據賽馬的內幕情報去下注，情況會不會好些。他回答說：「情況不僅不會好，反而要輸掉整個美國的造幣廠。」

當然，如果有些人天生就有這種愛好。你不妨學聰明一點，先算一算你勝算的機率到底有多少。怎樣計算呢？有一本叫《如何計出勝算》的書，作者為奧斯華·賈柯比——橋牌及撲克的權威、最高級的統計專家，也是保險公司的統計顧問。該書共250頁，它可以告訴你在賭賽馬、輪盤、骰子、吃角子老虎機、撲克、橋牌、梭哈以及股票市場時，勝算有多少。

除此之外，這本書還告訴你，在其他各種活動中你得勝的機會有多少。此書的本意並非要教你如何賭博。作者只是想把在普通方式的賭博中你失敗的比例坦白地告訴你；當你獲知這些失敗的比例之後，你將會同情那些易於受騙的人，他們把辛苦賺來的錢丟在了畫餅充飢的賭博上。

學會寬恕自己

假若我們竭盡全力也無法改變我們的經濟狀況，那麼，我們可以改變心理態度。其實，每個人都有他自己的財務煩惱。我們可能因為經濟情況比瑪莉家差而煩惱；但瑪莉家可能因為比不上麥端家而煩惱；而麥端家又因為跟不上米琪家而生悶氣。

就是美國歷史上最著名的人物也有經濟窘迫的時候。林肯和華盛頓就任總統時因無錢上路，只好向別人借貸。如果我們達不到我們想要的目標，最好不要讓憂慮和悔恨來苦惱我們的生活。我們要學會原諒自己，要放豁達一點。古希臘哲學家艾皮科蒂塔認為，哲學的精華就是：「一個人生活上的快樂，應該來自盡可能減少對外來事物的依賴。」羅馬政治家及哲學家塞內卡也說：「如果你一直覺得不滿，那麼即使你擁有了整個世界，也會覺得傷心。」

我們應該明白，即使我們擁有了整個世界，一天也只能吃三頓飯，睡一張床。而這種享受，一個泥水匠也能輕易獲得，很可能他比大富豪吃得更香，睡得更沉。

夫妻間的職業矛盾

1880年代，我的祖父查理士·勞勃特森決定帶著我的祖母哈麗特以及他們的孩子，從堪薩斯州的農莊遷居至印第安·奈里特利去，想在那個邊界殖民區闖出一片屬於自己的天地。他們來到錫馬龍的河岸，就是現在的奧克拉荷馬州東北部，我的祖父建造了一座木屋，用籬笆圍起一片自己的土地。他又借了一些錢在這個小鄉村開了一家小店。後來那個小鄉村蓬蓬勃勃發展成為現在奧克拉荷馬州的杜爾沙市。

當時那裡的生活環境很差，我祖母體弱多病，還要照顧9個孩子，日子過得很艱難。那裡沒有醫生，只有一家一間教室的教會學校供小孩子唸書。艱苦的生活、債務、寒冷的冬天和炎熱的夏天，這就是他們當時生活的全部寫照。但是以邊疆的生活標準來說，查理士·勞勃特森成功了。哈麗特親眼看見了她丈夫成功的全過程，看到她的兒女們都幸福地結了婚。而印第安·奈里特利由於其經濟的迅速崛起，竟被聯邦政府納為州制管理。

聯邦政府版圖的延伸，不僅憑藉了像查理士·勞勃特森這種男人獨特的眼光——他們開拓了新的天地並且擴展疆界——而且也因為他們背後有勇敢的妻子，就像哈麗特，她們勇敢地去接受新生活的挑戰。這些女人信仰上帝、她們的丈夫，同時也信仰她們自己。她們勇敢地面對著危險、困苦、疾病和死亡。儘管她們離開富裕的家園向貧瘠的西部遷徙時，也沮喪過，反悔過，但她們都以頑強的毅力、不屈的意志挺了過來。

就是這樣，拓荒的女人們跟隨著自己的丈夫來到這些荒涼地區，寫下了美國歷史上光輝的一頁。他們留給自己後代的是一筆龐大的遺產，這些遺產包括土地、城市這樣的物質遺產，還包括那種不屈不撓的勇氣、無法動搖的信心等精神遺產。

希望丈夫能夠開創一番的妻子，必須具有拓荒前輩的刻苦精神，心甘情願地讓自己的丈夫去做他最喜愛的任何事情。就算他的做法是很冒險的，我們也應該義不容辭地支持他們。不管遇到任何挫折，都要不改初衷，勇往直前。能夠不顧一切地努力實現進取心和創造心的人，才會贏得事業的巨大成功。

我認識一個男人，他之所以一輩子都在從事一項自己不喜歡的工作，只因為他的太太寧願付出任何代價來保住安定的生活。

這個男人起初做的是記帳員，後來他賺夠了錢，可以開自己的汽車修理廠的時候，他結婚了。而他的太太想買一幢房子，把家安下來，因此要他暫時不要辭去工作。後來他們買了房子，妻子又快臨盆。有了孩子後，他妻子只想平安地把孩子養大，不想讓他破壞這份平靜，於是日子就這樣過去了。

再後來，他賺的薪水已經能夠維持家庭開銷，還有保險金可以供應孩子的教育費用。這回可以開創自己的事業了吧？可他妻子的顧慮更重了：創業，辛苦勞累不說，萬一失敗了怎麼辦？他可能會失去在公司裡的年資、退休金、疾病津貼以及一份中等而固定的薪水。在這位妻子的多次阻撓下，這位男士失去了寶貴的創業機會。

到中年以後，這個男人成了對生活感到厭倦的、庸庸碌碌的人，只有在修補自己的汽車時，他才會得到些許的寬慰。他有張失意的臉孔，他患上了胃潰瘍，此外再也沒有什麼東西可回想了。生命就這樣過去了。他生命的絕大部分時間都用來壓抑他對於工作的不滿，他對自己的工作提不起絲毫興趣，沒有熱心，沒有擴展野心。這一切都是他那貪圖安逸的妻子造成的。有時也會發生這種情況：一個人放棄了不喜歡的工作，嘗試去做自己選擇的工作卻失敗了。可那又能怎樣？男人遭受失敗並不可怕，至少他會從自己曾經嚮往如今已經嘗試過了的工作中得到滿足。況且，如果他嘗夠了失敗的滋味，他離成功也就不會太遠了。令人欣慰的是，這種類型的妻子只是少數。在雪佛釀酒公司最近的一項調查裡，有六千名各種年齡的家庭主婦接受了訪問。其中有一個問題是，她們會不會支持自己的丈夫從一個他不太喜歡的安定工作，轉到另外一個較不安定而且薪水較低，但能夠使他感到高興的工作去？接受訪問的太太中只有25%持否定態度。我曾經在奧克拉荷馬州杜爾沙市一家大石油公司工作，當時的財務經理叫查爾斯·雷諾茲。他是個活潑、能幹又討人喜歡的年輕人。他有太太、孩子以及光輝的前途。查爾斯·雷諾茲喜愛繪畫，空閒的時候，他就攤紙潑墨，盡情揮灑。他的許多風景油畫都懸掛在公司辦公室的牆上。有時候他也把畫賣給公司外面的人。雖然雷諾茲先生很喜歡當前的工作，但他更喜歡繪畫。他一直嚮往新墨西哥州的陶斯縣，因為那裡是藝術家的樂園。他想放棄自己的工作，定居到那裡。當他把自己的想法告訴太太露絲時，他太太鼓勵他說：「好啊，去開一家繪畫用品專賣店，我照顧店面，你就可以畫畫了。我相信我們一定可以快樂、幸福的。」太太的支持使查爾斯．雷諾茲下定決心辭掉工作，舉家移居陶斯縣，開始了新的生活。他們全家人都有了開創新事業的精神，年輕的小查爾斯放學以後也常到店裡幫忙。查爾斯畫得非常好，終於成為西南部最成功的畫家之一。他的作品曾經在美國巡迴做過展覽，他也不止一次在許多畫廊舉辦過個人畫展。現在，他不僅是陶斯縣畫家協會的會長，還在新墨西哥州陶斯縣聞名的濟特．卡森街上建造了自己的畫廊和畫室。這一切都是他太太鼓勵的結果。

對這種冒險取得的成功並不值得大驚小怪，因為有目的的冒險，勝算可能性是很高的。如同范德格里夫特將軍經常在戰前對他的軍隊所說的：「上帝只願降福於那些勇敢和堅強的人。」

適合你的工作，或能夠使你感到快樂的工作，並不一定會立即使你成為富翁。然而，除非一個人的工作能夠帶給他內心的滿足，否則就不能算真正的成功。當妻子的必須要有充分的精神準備，才能夠促使自己的丈夫自由自在地做他所喜愛的工作，下決心放棄他所不喜歡的、薪水較好的職位。

許多卓越成就的獲得，都是因為有那些大公無私的妻子捨棄自己的利益，放棄物質享受，鼓勵她們的丈夫從事適合於他們個性的工作而得來的。

偉大救世軍創始者威廉·布斯的豐碑上也有他最具愛心的妻子凱瑟琳·布斯的功績，因為她曾奉獻那麼多的精力來推廣、維護這項運動。

威廉·布斯把道義傳播於社會各個階層，他在倫敦的貧民窟裡向那些窮人、身障人士和流浪漢講道。他、他的妻子和孩子們都忍受著寒冷、飢餓和嘲笑而努力地幫助窮人，甚至自己的健康每況愈下。

他的妻子凱瑟琳·布斯從小就患有脊柱彎曲症，必須使用脊柱支柱。此外，她受著肺結核的折磨，晚年又受到了癌症的折磨。

她在臨死前說：「我一生都在痛苦中掙扎著。」然而，就是這位體弱多病瘦小的婦人，不僅要照顧8個孩子，同時還要無私獻出愛心給那些境況更差的窮人們。她也傳教講道。每天晚上，在經受了一天的勞累之後，她還要到貧民窟去幫助那些飢餓、生病或是遭遇困難的人。她為那些未婚先孕的女孩準備飯菜、安排住所。她有時也去和那些小偷、流浪漢與妓女促膝談心。

這樣艱苦的環境，這樣悲慘的地方，如果有機會誰不想離開呢？凱瑟琳·布斯不想離開。在牧師會議上，面對一份在富裕地區為她保留的舒服的講道工作，她毅然站起來叫道：「不要！不要！」

正是有了她不怕艱難困苦的精神和堅定不移的信心，現在才有救世軍在各地努力工作。我真希望凱瑟琳能夠活得更久一些，親眼看到她為丈夫所作的貢獻而得到結果。我真希望她的在天之靈能夠知道她丈夫的葬禮是多麼盛大隆重：有六七千人湧上倫敦大街，向他表示敬意。其中倫敦市長也在送葬的行列中默默垂淚。歐洲的宮廷和美國總統都送來了悼念的花圈。在他的靈柩後面，有五千名年輕的救世軍跟隨著，他們一邊走一邊唱著讚美詩，歌頌他們偉大的領袖。我寧願相信凱瑟琳已經知道這一切——這位瘦弱的女人理應為她丈夫偉大的事業而驕傲。

其實，能夠全身心地投入到自己所喜愛的工作中去，且不顧自身安危與幸福，這才是成功的全部意義。有時候只有這樣做，才是獲得我們真正想要的東西的唯一方法。「上帝啊，請賜給我一個年輕人，他必須有足夠的膽識去做別人心目中的傻事。」羅伯特·路易斯·史蒂文森這樣祈求道。

莎士比亞教導我們說：「疑慮是我們心中的叛逆者，由於害怕去追求，將會使我們失去我們原本可以贏得的東西。」

上帝只偏愛勇敢和堅強的心靈。如果希望我們的丈夫在他們覺得最有成就的工作之中成功，我們就該鼓勵他們去大膽嘗試每一個機會，拿出足夠的勇氣和信心來與他們患難與共，永不言悔。

不要入不敷出

有一些賺錢容易花錢也爽快的樂天派作家，利用金錢這個話題曾經在書本上和戲院裡為我們製造了許多有趣的笑料。如《你無法把錢帶在身邊》裡的那位老紳士，他絕不相信什麼所得稅，而且拒絕繳付。當大衛．柯博菲爾德要教他的年輕新娘朵拉按照收入預計開銷的時候，朵拉就噘起嘴撒嬌。她也是個惹人憐愛的角色。《與父親一起生活》裡描述的母親節，也給了我們無窮的回味，因為，在母親每個月把家庭預算弄得一塌糊塗的狀況下，父親在母親節那天都表現了最好的風度。還有狄更斯筆下浪費成性的麥考柏先生，也是深受讀者喜愛的角色之一。

我們在文學作品裡發現，一個吸引人的角色身上往往兼具迷人和不負責任兩大特點。但是，在現實生活裡，最令人傷心和討厭的卻是花錢方面的失誤。不付出永遠無法逗人發笑。腦筋糊塗、奢侈浪費的妻子，更不會討人喜歡——她只能是丈夫生活道路上的一個累贅。

如今，我們的錢所能買到的東西跟幾年前相比已經是愈來愈少了。女士們面對著一個不成比例的挑戰，因此，對錢必須精打細算。價格膨脹了，生活水準提高了，我們的孩子所需要的教育費用都比前些年昂貴得多。

不少人都有一種糊塗認識，覺得只要我們的收入增多一些，我們所有的憂慮就都可以解決了。這個想法是十分錯誤的。問題遠沒有這樣簡單。艾爾西·史泰普萊頓曾經擔任華納莫克和吉姆貝爾百貨公司職員和顧客的財務顧問。他的看法是，增加收入，只不過增加了大部分人的各種消費，潛在的財務問題並沒有解決。

加拿大的蒙特利爾銀行敬告顧主：在有了大筆收入的時候，要學會精明地花費這些資金。

我寫這本書時，偶然得到了一本有關家庭關係的、不尋常的好書。其作者是個全國知名的心理學家。可是，他卻有個致命的缺陷：他好像對家庭預算異常陌生。他在書中寫道：「對於家庭財政開銷根本毋須費時費力，有則多花沒則少花，就這麼簡單。」

按照他的理論確實省心易行，但這種做法無疑把計畫、預算拋諸腦後。他的意思就是說讓每個人——包括肉販、麵包商和燭台製造商——都來分享你的收入，除了你本身以外的每個人。

對收入做個計畫預算，是保證你和你的家人能夠公平地分享你收入的根本。

預算和我們平時的花費並不矛盾，也並不是要毫無意義地去記錄所花掉的每一分錢。預算是一張藍圖、一個經過計劃的方法，用以幫助你用自己有限的收入辦最多的事，購最理想的物。正確的預算將會告訴你如何達成目標——有關孩子的教育資金、自己的養老金以及享受生活時的一切。

預算還有一個好處，就是可以幫你權衡輕重，刪減一些小項目，去填補你想要做的大花費。

要想使自己成為家庭財務的專家，據我所知，你家附近的銀行可能有一種預算或諮詢服務，他們將會告訴你如何做好預算計畫、如何理財、如何管理自己的收入。

對於家庭的經濟知識，《婦女時代》雜誌可以為你提供大量的幫助。它將會告訴你如何縫補舊衣服，如何烹調既營養又經濟的餐點，甚至還告訴你如何製造物美價廉的簡易家具。

預算計畫表應該根據家庭實際情況自己控制，不要依賴你無意中發現的任何一種已經印好的預算計畫表。因為你的家庭狀況就如同你的臉孔和身材那樣，是完全不同的，是獨具特色的。

為了幫助你完成自己的家庭預算計畫，請注意如下事項。

記錄每一項開銷，對支出情形做到心中有數

長時間按部就班的生活，雜亂的花費，往往使我們無法改進任何狀況。如果我們不知道在何處刪減、為什麼要刪減以及刪減什麼，節約就會顯得毫無目的。因此，我們應該養成記錄下所有的家庭開銷的習慣，就是先記錄3個月也行。

雖然我常用支票形式與他人進行結算，但我仍會把我每月的花費分類記錄下來，形成一張清單。到年終，我再把每月的花費加起來。這樣做的好處是，不論何時我都能夠很精確地告訴你，某年某月某日我們在食物方面花了多少錢，或燃料費、水電費、娛樂費等等。我還可以使用這些記錄查出我家生活費增加的出處，如我懷疑我花太多的錢買化妝品了，我只要看看我的記錄就全明白了。只要堅持一段時間，一旦你知道你的錢花到哪裡去以後，就不必再做這種記錄了。

有一對夫妻，在他們開始記錄家庭財務開銷以後，他們很驚訝地發現，他們每個月竟然有高達70美元的酒費！然而，他們倆都不愛喝酒，他們只不過是一對好客的夫婦，很歡迎自己的朋友在興致好的時候就「到家裡來喝一杯」。於是，他們做了一個明智的決定，認為他們不能再開免費酒吧了。就這樣，他們透過記帳，堵塞了不必要的開銷，而把節約下來的資金用於有用的地方。

根據自己家庭的特點設計預算

在每年的年初，你應該把你這一年裡必需的開銷列出來，房租、食物耗量、利息、水電費、保險金等，然後再把預計的開銷列出來，如衣服、醫藥費、教育費、交通費、交際費等。

這樣做肯定有一定的難度，而且擬訂計畫需要決心、家人的支持，有時候還需要堅定的自制力。我們不可能買下市場上的每樣東西，但是我們可以決定哪些是我們需要的、應該買的，哪些又是不需用的、應該捨棄的。你願意把買昂貴漂亮衣服的錢用來布置一個更溫馨的家嗎？或者，你願意自己做衣服，將節省下來的錢買一台烤箱嗎？顯然，這些決定必須由你和你的家人自己來做。所以，提前印製好的預算計畫表對其他人是沒有用的，這種表格必須自己設計。

把收入的百分之十儲蓄起來

我們應該力求讓自己的家庭維持在一個固定的開銷上，然後至少要把10％的收入儲蓄起來或拿去投資。這樣你就可以建立一筆額外資金，拿來做特殊用途，買房子或汽車等。

據財務專家介紹，如果你能節省你丈夫收入的10％，縱然物價高昂，你仍可以在短短幾年內改善生活條件和經濟狀況。

我認識一位太太，她的丈夫是倔強保守的新英格蘭人。他寧願當眾出醜，也不願放棄節省十分之一薪水的計畫。這位太太告訴我，在經濟不景氣的那幾年，他們可真吃足了苦頭。她先生的薪水大幅度下降，她買生活必需品的時候必須想盡辦法節省每一分錢。而她丈夫每天要步行20多條街，以省下公車費。但是，節省十分之一薪水的老習慣，他們卻堅持下來了。

這位女士後來說：「當時我經常埋怨我的丈夫，尤其是急等著用錢的時候。但是，我現在很高興我們維持了儲蓄計畫。因為我們人到中年終於可以過上比較舒服的生活，而且不必擔憂後半生的生活了。」

存下一～三個月的收入以應付突發事件

預算專家勸告每一個年輕家庭，一定要存下1～3個月的收入，以應付突發事件。這些專家告誡人們，想要存太多錢的人，會發覺很難辦到，結果根本就存不下錢。最好的辦法是，不要企圖一次性就存很多錢，而應該定期每週少存一點，但不能間斷，這樣的效果會好一點。

經常召開家庭預算討論會

預算專家坦言，預算計畫必須得到全家人的合作才能得以順利施行。為此，經常召開家庭預算的討論會，往往可以減輕家庭成員的牴觸情緒。因為我們大家對於金錢的態度，往往與自己的經驗、教育程度的高低有關。

要考慮人壽保險的問題

美國人壽保險協會婦女部主任瑪莉昂·史蒂芬斯·艾巴利是人壽保險方面的專家，她說的話具有獨特的權威性。她在接受我訪問的時候，建議每一位做妻子的都自問以下這些問題：

人壽保險可以為妳的家庭帶來什麼基本保障？

一次付款和分期付款的利弊？

有幾種付款方式？

現代人壽保險有哪兩種目的？如果一個男人過早去世了，人壽保險就可以保護這個人的家庭；如果他活著要享受餘年，人壽保險就可供給他生活的基金。

上述問題以及其他許多相似的問題，對於妳的家庭都相當重要。妳應該同妳的丈夫一樣清楚明白這些問題的答案。有一天也許妳會變成寡婦，但如果妳掌握了有關人壽保險方面的知識，就可以解除妳的後顧之憂，保障妳後半生的生活衣食豐裕。

賈德生和瑪麗·南狄斯合寫的《建立成功的婚姻》一書中告訴我們，婚姻生活的幸福與否對家庭收入的花費起著重要調節作用，你必須要適應它。

金錢不是萬能的，這句話有一定的道理。但是，如果我們知道如何合理地處理它，就可以使我們的生活更安寧、更幸福、更富裕。

所以，我們不能天天盼望著並不優秀的丈夫突然間會帶回來一大袋薪水，這只會浪費我們的時間，損毀我們的青春。我們應該做的事情就是盡快使自己變成財務能手，好好處置丈夫賺回來的每一分錢。

第3章 怎樣使你變成熟

對於那些不成熟的人來說，他們總是能找到一些理由，用來解釋他們自己的某些缺點或失誤；但對於那些邁向成熟的人來說，他們從不推諉責任，逃避責任，而是勇於承擔自己行為的後果。

想想你自己，你是否經常喜歡責怪父母、師長、丈夫、妻子或兒女？我們甚至還喜歡責怪先祖、政府以及整個社會，最無志氣的是責怪自己不應該來到人世。

把自己與眾不同的地方看成是缺陷和障礙的人，是一種心理不成熟的表現，他總是期望自己能受到特別的待遇。成熟的人則不然，他會先認清自己的不同之處，然後心平氣和地承認它，並以此為動力，創造自己的輝煌。

每個人都具有一定的作用，都可以在生活中表現出來。這種作用必須按照自己的個性表現出來，而不是模仿他人。強調自己的優勢，培養優點，克服弱點，如此才能不斷進步並自我實踐。

不要總是踢椅子

一次，我女兒達娜搬了一張小椅子去取放在冰箱裡的東西，她腳步還沒走熟練，這樣做是很危險的。我急忙衝了過去，但還是沒能來得及防止女兒從椅子上摔下來。當我扶起她，看她摔傷沒有時，達娜卻朝那張椅子狠狠踢了一腳，並且氣鼓鼓地罵道：「都是你不老實，害我跌了一跤，踢死你！」

像這樣把責任推給他人或他物的事，生活中屢見不鮮。對孩子們來說，他們的這種行為是極其自然的。他們喜歡責怪那些沒有生命的東西，或是毫不相干的人物，似乎這樣就可以減輕自己跌倒的痛苦。

這種事發生在孩子身上是可以理解的，但是，如果將這種反應行為模式和習慣一直持續到成人期，那可就有問題了。自古以來，人們就普遍存在著一種諉過於人的不良傾向。偷吃了禁果的亞當，最後就把過錯全推在了夏娃身上：「就是那婦人引誘我，我才吃了。」

勇於承擔責任應該成為我們走向成熟的一個標誌。一個人生活在世上，就應面對生命中的許多責任，而不可在受難或跌倒的時候，像孩子一樣去踢椅子出氣。

我們應該深思一下喜歡諉過於人為什麼會成為我們的一種習慣或傾向，其實，原因很簡單，因為責怪別人比自己擔負起責任心要輕鬆得多。想想你自己，你是否經常喜歡責怪父母、師長、丈夫、妻子或兒女，我們甚至還喜歡責怪先祖、政府以及整個社會，最無志氣的是責怪自己不應該來到人世。在心理發育有問題的人看來，這種事情理所應當——當然是外部環境的理由——以解脫他們自身的某些缺點或不幸。比如，他們的童年極為窮困、父母過於貧苦或過於富有、教導方式過於嚴格或過於鬆懈、沒有受過教育或健康狀況惡劣等。此外，有些人還把責任直接推給自己的丈夫或妻子，甚或說自己命運不好。我們有時不禁要感到奇怪：為什麼這個世界要一致起來欺負這些人呢？你仔細想一下就會明白：對於這些人來說，他們從沒想到要去克服困難，他們想的是先去找一隻代罪羔羊。我至今都記得發生在我學生身上的一件事，它對我的觸動非常大。它是這樣的：我們的課程是訓練學員記憶別人的姓名。我記得那位學員向我這樣說道：「我希望你不要指望我能記住別人的姓名，這正好是我的弱點。我的記憶有問題。」「真的是這樣嗎？」我問道。「是的，」她回答道，「我家族的記憶力一向都不好，所以，我對在這方面有什麼改善不抱有什麼信心……。」「小姐，」我誠懇地說道，「人的問題不在遺傳，而是一種惰性。因為妳認為責怪家族的遺傳要比努力提高自己的記憶力要容易得多。請妳坐下，我來證明給妳看。」我用心教給她一些不算複雜的記憶訓練，她也用心地去學，去領會，結果效果是出人意料得好。當然，要她改變原有的觀念需要一些時間，由於她願意接受我的建議，終於克服了困難，記憶力也有了突飛猛進的提高。如今的為人父母者，除了記憶力衰退之外，還有各種大小事情會遭受兒女的抱怨，範圍從掉頭髮到日常生活的許多挫折等。

有一名年輕女子抱怨父母給她的一生帶來了惡劣影響。原來這個女孩子還很小的時候，父親因病去世，守寡的母親只得外出工作，以維持生活並教育年幼的女兒。由於這位母親能幹又肯努力，因此後來成為極有成就的女企業家。她細心呵護女兒，讓女兒受最好的教育，但她的女兒卻把母親的成功視為自己人生的最大障礙。

這個年輕女子把自己童年的諸多不快樂歸罪於母親，她說是母親使她在不知不覺中捲入「隨時與母親競爭」的漩渦裡。她的母親迷惑不解地說道：「我實在不了解這孩子。這麼多年來，我一直努力工作，為的就是想為她創造一個比我更好的條件，使她健康地成長。但不知為什麼，我只是為她增添了一種壓力。」

這位母親的想法並非有錯，但是無數的成功人物並非都有舒適的生活。像喬治·華盛頓，他雖沒有高貴出身或功績顯赫的父母，但他一樣能推動歷史進展，成為舉世聞名的人物。再如亞伯拉罕·林肯，他幼年的物質條件極為匱乏，一切都要靠自己的辛勤工作，這也沒有對他產生什麼不良影響，而且林肯也從沒有想要去責怪他人。他曾在1864年做過這樣的陳述：「我對美國人民、基督教世界、歷史，還有上帝最後的審判，均負有責任。」

這些錚錚宣言可謂是人世間最豪邁最勇敢的宣言。如果我們不能在其他人面前以同樣的勇氣承擔下自己的責任，那我們就還不算成熟。

如果你選擇了逃避責任，我告訴你一個簡單的方法：去找一位心理醫生，然後躺到他的診療椅上，花一整天時間談論我們的種種問題，以及為什麼我們會變成目前這個模樣的原因。這其實是一種奢侈的現代高級享受。

假如你認為你的一切麻煩均來自幼年時期不正常的待遇——如有過度占有欲的母親，或有過度專制的父親；假如這樣的說法能讓你覺得舒服，並且價錢又付得起的話，那麼，你一輩子依靠心理醫生去支撐生命，別人也說不出什麼的。

有一篇內容精彩、由著名醫師威廉·高夫曼寫的《乳兒精神病學》的論文，提到目前日益增多的「心理醫生」是如何把大家寵壞了。高夫曼醫師指出，許多向心理醫生求助的人通常喜歡「為自己的弱點及與世俗格格不入的行為找出一個心理學上的藉口」。

這樣，他們似乎就得到了某種精神上的慰藉。當心理學一直為那些不能面對成人世界的人尋找託詞的時候，許多人也心安理得地把他們遇到的種種困難，歸咎於外在的各種因素。

有不少人在兩個世紀前都迷信星相學。「我沒有好的生辰八字」或「我沒有一顆幸運的行星護佑我」，這些都是16世紀時人們對許多困難或不幸最常做的解釋。

但是，莎士比亞卻批駁了這種說法。他在《凱撒大帝》一劇當中，借羅馬名將凱撒說出了如下的話：「親愛的布魯塔斯，這過錯與我們所屬的星相無關，它是因那種聽天由命的習慣造成的。」

相信你對《聖經》中耶穌的事蹟了解得非常多，也非常熟悉，那麼你一定知道耶穌最引人注意的特質之一，便是他擇善如流、毫不妥協的性格。當有人找他幫忙或醫病的時候，他不會浪費時間去細查對方的潛意識，更不會去追查何人應為此事承擔什麼責任，他只會悲憫地說：「拿起你的被褥回家！不要再犯罪，你的罪已被赦免……。」

耶穌的態度顯然是這樣的：把你的生活改造得更美好才是重要的，不要整日沉溺在自憐的深淵裡不可自拔。

英國的都鐸王朝有個職業十分奇特，而且殘忍至極，願意做這個工作的人卻很多。

這個職業源自該朝一個奇怪的習俗，那就是都鐸王朝家的小孩都請一名所謂的「挨鞭子的男孩」。由於冒犯皇族是大逆不道的行為，因此王朝家的小孩不可隨便侵犯。但小孩難免有頑皮不守規矩的時候，為了讓屬下謹遵不冒犯皇族的規定，便用錢請來一個「代罪羔羊」，以承受該王朝家小孩應受的責罰。熟悉王朝內的人都搶著要做這個職業，這不僅是因為可以領取薪水，還因為有晉升的特權和機會，因此成為許多人追逐的目標。

當然這個職業到現在已不復存在，但對許多幼稚或不成熟的人來說，這種「代罪羔羊」的形式仍然存在。假如他們找不到人可以當做責怪的對象，他們就責怪多變的時代、現代生活的不安全感、國際形勢的混亂及其他聳人聽聞的情況等。

不久前我和一位朋友一起去一個畫展，那位朋友告訴我他對現代藝術十分內行。我當時看到一幅畫，感覺十分草率，便無意中說出自己的感覺。我對那位朋友說：「我家裡有個3歲小孩，搞不好可以畫得比這更好。假如這是藝術，我便是米開朗基羅了。」

朋友驚異地說：「你對人類精神的痛苦，難道沒有絲毫感覺嗎？這位藝術家所要表現的是，原子時代人類所受的壓力與迷惑。」

滑天下之大稽！就連一位畫得不知所云的藝術家，也可以把自己的無能歸罪於原子時代！

我深信：假如原子時代能給人類帶來任何希望或滿足，而不是破壞或死亡的話，則我們需要的是堅強、成熟的個人，也就是那些能夠而且願意為自己行為勇敢承擔責任的人。對於這些希望自己不僅是長大，而且是邁向成熟的人來說，他們應該做的是勇於承擔自己行為的後果，而不是推諉責任、逃避責任，讓別人替自己「挨鞭子」。

困難並不等於不幸

愛德華·道希是一家租車店的老闆，他與我毗鄰而居，專門出租高級客車。我十分欣賞他的品格，他很善於聽人講話，心胸開闊，又喜歡接受新事物，是一個多才多藝的人。有一天，我和他在一起喝茶聊天，當聊到偉人與成功者的話題時，我們都認為那些偉人和成功者通常也都是能夠克服困難的人。接著，愛德華問我：「你聽說過納達尼·鮑德齊這個人嗎？」

我問：「是不是一位相當精通航海術的人？」

愛德華點頭說：「是的。他生於1773年，1838年去世。他10歲以後，主要靠自修——自己學習拉丁文，了解牛頓的教學原理。到21歲時，他已經算是一位相當優秀的數學家了。他自小就喜愛航海，又學習了航海術。據說他還在航海時教導全體船員如何用觀察月亮與星座的關係來計算船舶的位置呢。後來，他寫了一本有關航海術的經典之作。這對於一個沒有受過正規教育的人來說，是非常不容易的。」

愛德華說得對，鮑德齊的確是個極富勇敢鑽研精神的人。也許沒有人告訴過他：「大學教育對於科學家來說是不可或缺的訓練。」因此，他能不顧一切地向前衝，用自學的方式得到各種必要的知識。在納達尼．鮑德齊或愛德華．道希這類人眼中，世界上沒有「困難」這個詞。

對於不思進取的人來說，困難是最好的擋箭牌。許多人把自己沒有獲得成功歸咎於沒有受過大學教育，其實，即使他們真上了大學，他們仍能為自己找出其他許多沒有成功的理由。而一個真正成熟的人則不會為困難尋找藉口，他們會積極地想辦法克服困難，而不是退縮或迴避困難。

有一次，亞歷山大．貝爾在工作不順利時，向他的朋友約瑟．亨利抱怨說，都怪自己缺乏有關電機方面的知識，致使現在工作起來十分困難。約瑟．亨利是華盛頓區一家工學院的校長。他雖然同意貝爾的說法，但卻沒有說出來，只是簡短地告訴他：「現在去學並不晚。」

亞歷山大·貝爾果然去攻讀有關電機方面的課程，最後成為歷史上對機電學做出重大貢獻的科學家。

那麼，貧困是失敗的理由嗎？美國總統赫伯特·胡佛的父親是一個鐵匠，後來父母離世，他又成了無家可歸的孤兒；IBM的董事長托馬斯·沃森，年輕時曾擔任過簿記員，每星期只賺兩美元。這些著名的成功人士，都沒有認為貧窮是他們的障礙。相反，貧窮成為他們成功的動力，他們把別人用在自憐上的時間全都用在了工作上。

終生忍受疾病痛苦的羅伯特·路易斯·史帝文森並沒有因此而頹廢。與他交往的人，都認為他十分開朗、有活力。他所寫的每一行文字也充分流露出這種性情。正是由於他不願向身體的缺陷屈服，他的文學作品才更顯風采，極具生命力。

回顧歷史，許多著名人物、成功人士都有身體上的缺陷。如：拜倫爵士長有畸形足，尤利烏斯·凱撒患有癲癇症，貝多芬後來因病成了聾子，拿破崙則是有名的矮子，莫札特患有肝病，富蘭克林·羅斯福則是小兒麻痺症患者，而海倫·凱勒更是盲聾俱全。

就是那些在螢幕上光彩照人的女演員，也有很多坎坷遭遇。被譽為「女神莎拉」的莎拉是個私生女。她的童年充滿困苦與磨難，生活毫無希望。但她卻以堅強的毅力，克服重重困難，創造了不朽的輝煌人生。

我有一位朋友的兒子患有口吃的毛病。他外表英俊高大，成績優秀，同學和老師都很喜歡他。為了治好他的病，從小學開始，他的父母就為他請過許多心理專家和口吃治療專家，但成效甚微。

一天，他回家告訴我的朋友，他將代表全體畢業學生在畢業典禮上致辭，並開始興致勃勃地準備講稿。我的朋友除幫他積極查找資料和提供建議外，根本沒有提到該如何在演講時避免口吃這個老毛病。

畢業典禮終於開始了。這個男孩昂首闊步走上講台，開始發表演講。會場觀眾都鴉雀無聲地注視著他，因為許多人都知道他患有口吃的毛病。他一開始講得很慢，但很有信心，接著便很順利地把15分鐘的演講說完，絲毫沒有口吃的痕跡。等他講完之後全場報以熱烈的掌聲。因為大家都知道，這個男孩竭盡全力克服了自己的缺陷和困難，理應獲得他們的嘉獎。

卡爾頓·葛立夫是個小業主。一天，他開車經過莫里鎮的一個十字路口時，正好見到一名眼盲的少婦，牽著一條狗要穿過街道，卡爾頓急忙將車停了下來。

這時，一名男士走到卡爾頓的車旁，說明他是那名少婦的訓練師。他要求卡爾頓以後遇見這種情況，不用緊急剎車，他說：「訓練這狗就是用來防止發生交通事故，假如每部車子都像剛才一樣停下來，狗會以為這是應有的狀況，而不會特別警覺。這麼一來，一旦有車子不停下來，便會發生交通事故。」這件事真正使我感動的倒不是那位訓練師的話，而是那名少婦能採用這樣的訓練來克服自己的生活，令人可敬可佩。

這些人的心靈都是高尚的，成熟的他們不會陷於自己的困難當中，而是勇敢地去面對它、接受它，然後想辦法加以克服、解決。他們不需要憐憫，更不會萎靡不振，甚至去逃避。

我看過一本極富鼓舞性的傳記《一個完整的生命——在死神的門口》，作者是洛埃·史密斯。傳記的主人翁名叫艾莫·赫姆，出生在俄亥俄州的亨特維，當時他的醫師在嬰兒期就給他判處了死刑，認為他沾下去的希望渺茫。

但是赫姆還是活下來了，而且壽命並不比一般人短。雖然他常因右半身嚴重受傷而痛楚不已，但他始終沒有向死神屈服。由於身體不便，他無法從事體力工作，便轉而努力閱讀。28歲那年，他成了衛理公會的傳道士，後來又歷經兩次致命的事故，他都沒有因此而失去信念。後來，他的病引起了有名的巧克力製造商約翰·惠勒的注意。幾個月之後，在約翰的資助下，這位倒在死神門口的傳道士，終於順利地恢復了健康。

艾莫·赫姆病好後開始募集傳道基金，興建教堂，並以自己的力量幫助當地的學校和醫院。這名「單肺傳教士」募集了將近三百多萬美元，資助了許多被困苦纏身的人。到了69歲的時候，他「告老退休」，但還是沒有停止工作。他又舉辦了上千次的講道，寫了兩本書，為教會和其他慈善機構募集了50萬美元，並且擔任二十餘所專業學校的董事。除此之外，他還捐助5萬美元以興建在加州州立大學附近的一所教會。

艾莫．赫姆身上到處都是缺陷，但他卻無視缺陷的存在，他只知道自己有生命，而且這生命要活得有意義。他把自己的90多歲時光充分使用，並用「勇氣」譜寫了人生。

現代社會處處強調年輕與活力，致使許多上了年紀的人，不免要感嘆自己的「缺陷」。有時，他們會感到自己過時了，就要被社會淘汰了。幾年前，我在紐約的訓練班來了一位已74歲高齡的女學員，她坦然承認不知該如何度過自己的餘生。這位老太太退休前是位教員，一直到強制退休才離開自己的工作職位。她的積蓄不多，因此必須時時保持忙碌，這對經濟和精神上都十分重要。由於她有著豐富的教學經驗，無事時便到各個幼稚園去講故事。她的故事都是精挑細選的經典之作，她還製作了很多幻燈片來加強效果。我認為她的工作很有意義，並鼓勵她把這當做自己的事業來做。於是這位女學員開始投入到了她的事業中。她知道，年齡並不是一種障礙或缺陷。正是有了這許多年的教學經驗，她現在才更有能力把故事講得更好、更生動。她不僅用口講，而且還拿東西讓大家看，因此很容易被接受。她充滿溫馨和富有戲劇性的講述方式，受到了孩子們的熱烈歡迎。現在，這位老太太已把自己的熱忱和信心帶到美國各地，並把智慧和歡樂帶給成千上萬的兒童。她不願讓自己的年紀成為障礙或偷懶的藉口，她沒有藉口年紀大而不出去工作。她重新認識自己的能力和經驗，然後把構想付諸行動，因此做得非常成功。對於這位74歲的老人來說，歲月的流逝並沒有使她變老，反而讓她變得更年輕。年齡對她不但不是缺陷，反而成為一種新生的動力。蕭伯納很是看不慣那些愛抱怨環境不順的人。他說：「人們常常抱怨自己的環境不順利，因此使他們沒有什麼成就。我是不相信這種說法的。假如你得不到所要的環境，可以製造一個啊！」事實上，假如每個人每天都認為自己的環境不好，很可能就會把自己的過失推給「缺陷」或種種其他原因。在我年輕的時候，常因自己長得比別人矮而氣餒不已。多年之後，我才逐漸明白，身高跟其他許多與生俱來的條件一樣，不僅有壞處，還有很多好處，這完全在於自己的態度。

如果別人有一雙手，而我只有一隻手；如果別人富有，而我比較貧窮；如果我長得高、矮、胖、瘦、臉黑或臉白——無論哪一點使我與眾不同，都很可能成為我的缺陷——這種認識是你自己決定的。

把自己與眾不同的地方看成是缺陷和障礙的人，是一種心理不成熟的表現，他總是期望自己能受到特別的待遇。成熟的人則不然，他會先認清自己的不同之處，然後心平氣和地承認它，並以此為動力，創造自己的輝煌。

擺脫人生不幸的陰影

日本宣布投降後的第二天，也就是1945年8月16日，瑪麗·布朗太太走進位於加拿大渥太華的自家住宅，無邊的寂靜與空虛頓時包圍了她。

若干年前，她的丈夫喪生於車輪之下；接著，與她住在一起的母親也因病去世。更大的不幸還在後面：

「當許多宣告和平的鐘聲和汽笛聲還不絕於耳的時候，我那唯一的愛子達諾也猝然離開了人世。我已失去了丈夫和母親，如今兒子一死，我在這個世界上已沒有一個親人了。」

「參加完愛子的葬禮後，我一個人走進那了無生氣的大屋子裡，孤獨、寂寞、空虛、無依無靠的感覺埋沒了我。我害怕今後的生活，害怕整個生活方式的完全改變。而最可怕的，莫過於我將與哀傷共度餘生，這才是最讓我感到恐懼的。」

接下去的一段日子，布朗太太完全生活在一種莫大的哀傷、恐懼和無依無靠的感覺裡。她悲痛至極，簡直無法接受所發生的一切。她繼續描述道：「慢慢地，我明白了時間可以幫我療傷。只是時間太空虛了，我必須做些事來填補這些空虛。因此，我再度回去工作。」

「工作使人充實起來，我也逐漸對生活再度感興趣，如朋友、同事等。一日清晨，我從睡夢中醒來，忽然認識到所有不幸均已成為過去，以後的日子一定會變得更好。我知道『撞牆捶地』的舉止是愚蠢可笑的，是不能面對生活的弱者的做法。對於那些我無法改變的事實，時間已教會我如何承受。」

「這種心路歷程進行得十分緩慢，不是幾天或幾個星期，而是一年、兩年，但不管怎麼說，它還是發生了。」「多年過去了，回首往事，那段經歷猶如一艘小船，雖然歷經一場巨大的風浪，如今又重新駛迴風平浪靜的海面上。」

往往很難讓我們相信布朗太太這樣的悲劇會發生在我們身上。因此，當悲劇發生時最好先面對它們，接受它們。當布朗太太強迫自己接受失去家人的事實時，心理上便已預備要讓時間來治療這樣的痛楚。向命運低頭、妥協，就像把毒藥傾倒在傷口上，是無法讓自己重生的。

我們面對不幸的唯一方法就是接受它。當不幸打破了我們完好生活的時候，只有時間可以把這些碎片撿拾起來，並重新撫平。我們要給時間一個機會。在初受打擊的時候，我們的生活似乎一下子失去了方向，生活重心也發生了嚴重傾斜，我們變得渾渾噩噩不知該做些什麼。但這不能解決問題，生活還得繼續下去，人該做什麼還得做什麼。我們只有完成了這些生命中的種種運作，痛楚才會逐漸減輕。終有一天，我們又能喚起以往快樂的回憶，並且感受到被護佑，而不是被傷害的感覺。

要想擺脫不幸的陰影，時間是我們最有力的助手，但唯有我們把心靈敞開，完全接受那不可避免的命運，我們才不會沉溺在痛苦的深淵裡難以自拔。

不幸遭遇並非都是扼殺人的劊子手，有時候，它還是促使我們採取行動的催化劑，對改善狀況大有必要。它能使我們的才智變得靈敏，以幫助我們解決以前難以解決的問題。

印度的克里士納說：「人的幸福結局，並非是平淡、安穩的享樂，而是轟轟烈烈地與不幸奮鬥。」你可曾見過美國西南地區的沙塵暴地帶，你知道那些無情的沙塵暴摧毀過多少農莊、破壞過多少人的生計嗎？你曾置身於沙塵中，並且日復一日地吞食那些沙塵嗎？下面講述的就是一個自小生活在沙塵暴地帶的年輕人的故事。他21歲了，家就住在沙塵暴地帶內，雙親為了生存，一生都在與風暴和乾旱搏鬥。

父母去世之後，年輕人便擔負起養家的重擔。直到有一天，他們實在一無所有，馬上就要餓肚子。年輕人望著空蕩蕩的農舍，心緒煩悶。忽然，他8歲的小妹妹開門走進來，身旁還跟著她的一個朋友。

「哥哥，你可以給我10美分嗎？」她熱切地說，「我們想到店裡去買些糖果，我們每人需要10美分。」

吉米點點頭——因為他想不出一個好理由來拒絕。但他沒有10美分，搜遍了全身的口袋以及家裡所有的地方也找不到10美分。

他非常羞愧地說：「妹妹，非常對不起，我沒有10美分。」

這天夜裡，吉米輾轉反側難以入睡，他眼前總是浮現出妹妹那失望的表情。在他短短的人生歷程中，他曾經歷過不少打擊——雙親去世、工人離職、沙塵暴的襲擊……但沒有一次像這樣——他居然沒有10美分可滿足自己年幼的小妹妹……這麼卑微的要求……自己的生活，改善自己的人生狀況。就在天邊泛起魚肚白新的一天即將開始的時候，他終於下定決心，並想好了整個計畫。

吉米原來立志當名教師，但在父母相繼離世之後，他改變了主意，他擔負起照管農場的工作。現在，眼見農場一再受到沙塵暴的摧殘，農場的工作已難以為繼。於是第二天，吉米到鎮上替自己找了一份臨時工作。

找到工作後，吉米蒐集到了許多書，每天一有時間他就潛心學習，以準備有朝一日能得到他真正想要的工作——當一名教員。經過不懈努力，後來他終於在一所鄉村學校找到教職，並很快贏得了許多人的讚美與尊敬。

這是一種不幸的形式——自己不能拿出10美分來滿足年幼妹妹的願望。這件事驅使吉米改變生活的方向，並且突破了困難，最後終於達到自己所追求的目標。

人生最大的悲痛莫過於生離死別，但是有時候，某些行動卻可以減輕與家人分離的痛楚。這是發生在克文頓太太身上的故事。克文頓太太住在密西西比州傑克森市，她3個孩子的身體狀況都不好，僅照顧他們就使她頗費心力。不幸的是，有一天她的家庭醫師又告訴她，她的丈夫得了一種嚴重的心臟病，隨時都有病發身亡的危險。克文頓太太事後回憶說：

我聽了醫師的話感到非常害怕，內心惶恐不安。接連好多天失眠，沒多久體重便減輕了15磅，醫師認為我是過於神經質。一天晚上，我又睡不著覺，便問自己這麼擔驚受怕是否能改變狀況。到了第二天早上，我開始計劃自己應該做些有用的事。由於我丈夫頗精於木工，能親手做出許多種家具，所以我要求他替我做一張床頭櫃。他答應下來，並且花了好幾個下午認真去做。我注意到這種工作帶給他極大的樂趣。床頭櫃完成後，他又為朋友做了好幾件家具。

閒暇之餘，我們又找了一塊空地開墾種植。我們把最好的收成都送給朋友，並盡量想出一些我們可以幫助別人的事來做。有些時候，我們還坐下來討論有關種植果樹等多項計畫。

一日凌晨，我的丈夫突然病發逝世。我那時才體會到，其實最近這幾年，我們一直把這可怕的壓力放在一邊，過著有生以來最快樂、最充實的生活。我就是這樣面對不幸，並盡力用最好的方式來接受它，轉化它。

克文頓太太就是用一種頑強的毅力和積極的方式承受了不幸，從而使她丈夫最後幾年的歲月過得快樂又有意義，而她自己也因此留下了一段美好的回憶。

提升自己去幫助別人，是擺脫陰影最好的方法之一。有一位家住威斯康辛州的太太，由於她把自己個人的傷痛化成力量，轉而去幫助其他陷於痛苦的人，因此廣受別人的敬重。這位太太的兒子是名飛行員，在第二次世界大戰期間駕機迎敵血染長空，年僅

23歲。

這位太太悲痛欲絕，卻很堅強。她說道：「我認識許多不快樂的母親。她們有的因為孩子得了痙攣性癱瘓的疾病；有的則因孩子精神上或心理上不健全，無法正常為社會服務而不快樂。當然，還有些婦女是想當母親卻一直無法如願。我有幸擁有一個好兒子，並且與他共度了23年快樂的時光。我會把這些快樂的記憶永遠保留在我的腦海裡。現在，我要服從上帝的意旨，盡可能支持幫助其他需要救助的母親。」

她真的是這麼做的。她不辭辛勞地安慰那些因兒子出征而需要幫助的父母，或是出征者本人。「把自己的心思和精力用來幫助別人，你便沒有時間去注意自己的煩惱。」這位母親的所作所為正是成熟的標誌，也是我們某些沉溺於苦難中的人應該學習的課程。

生命並不是一帆風順的幸福之旅，「不幸」這個惡魔隨時都可能向我們發起攻擊。我們不能像鴕鳥一樣把頭埋在沙堆裡，拒絕面對各種麻煩，麻煩不會因此獲得解決。苦難是人類生活的一部分，只有實實在在地去面對，才是成熟的表現。

不成熟的人最常犯的過錯，便是遇事不敢面對，一味退縮，一味害怕。許多小孩在玩遊戲的時候，常因自己沒有勝算而拒絕玩下去，成熟的成年人便不會如此，他們會一試再試，直到成功為止。

請看康乃狄克州諾威奇市長賽門講的一個故事，內容是有關一名男孩雖然遭遇不幸，卻仍然勇往直前的故事。賽門先生在大學時代有個室友名叫傑克，是個活潑有朝氣的學生，後來卻戲劇性地離大家遠去。以下是賽門先生的敘述。

傑克極有藝術天分，而且是個非常熱心的學生。他參加學校各種表演活動，包括幕後工作與幕前的表演。他是學校各種年度表演的總召集人，他還在樂隊擔任鼓手，可以說是多才多藝的全能人才。離開學校之後，他到一家電視台工作，後來成為電視影片製作人。他極其熱愛自己的工作，每天都把全部精神和力氣投入到工作中。

一天，我突然接到朋友打來的電話，告訴我傑克去世了。這使我十分驚訝和悲痛。朋友告訴我傑克得了一種絕症，他卻從來沒有讓別人知道。從大學時代他便知道自己時日不多。我一想到傑克那時的熱忱、風趣、積極參與各種活動的精神，實在唏噓不已。從他身上，我學到了珍貴的一課：除非生命結束，否則絕不停止。

傑克的故事使聽到的人無不為之感動，也無不受到他精神的鼓舞。他選擇了最勇敢、最成熟的方法去面對難以拒絕的不幸遭遇。在成人訓練班裡，有位名叫邁克的學員，也對我講了一個類似的故事。

１９４８年，21歲的邁克應徵入伍，並被派往前線參加戰鬥。在一次戰役中，他不幸受了傷，眼睛什麼也看不見了。雖然他承受這麼大的傷害和痛楚，性格卻十分開朗。他常常與其他病人開玩笑，並把配給自己的香菸和糖果分贈給大家享用。

醫生們為恢復邁克的視力盡了全力。一日，主治大夫親自走進邁克的房間對他說道：「邁克，你知道我一向不欺騙病人。我不得不告訴你，你的眼睛無法恢復視力。」病房裡霎時間沉靜下來，靜得有些可怕。

「醫生，謝謝你！謝謝你告訴我實情。」邁克終於打破沉寂，平靜地說道，「其實，我一直都知道會有這種結果。非常感謝你們為我費了這麼多心力。」

醫生走後，邁克對他的朋友說：「我覺得我沒有任何理由可以絕望。不錯，我的眼睛瞎了，但我還聽得見，還能講話；而且我的身體強壯，還可以行走，雙手也十分靈敏。何況，就我所知，政府可以協助我學得一技之長，以讓我維持生計。我現在所需要的，就是調整自己的心態，迎接新的生活。」

這位擁有明亮視野的盲眼士兵，由於忙著計算自己所擁有的幸福，竟不屑花時間去詛咒自己的不幸。這便是１００％的成熟，也就是我們面對問題時所要採用的方法。我們每個活著的人都要面對這樣的考驗，無論是誰。

對於那些面對厄運只會憐憫哀嘆的人來說，這裡只有一個答案：「為什麼不學會面對呢？」

上帝是公正的，他給予每個人同等的機會。生活中既有歡樂，又有磨難。生活的磨難早晚會使我們懂得：在受苦受難的經歷裡，我們每個人都是平等的。無論是國王或乞丐、詩人或農夫、男性或女性，當他們面對傷痛、失落、麻煩或苦難的時候，他們所承受的折磨都是一樣的。無論是任何年紀，不成熟的人都會表現得特別痛苦或怨天尤人，因為他們至死都不明白，諸如生活中的種種苦難，像生、老、病、死或其他不幸，其實都是客觀世界的自然現象，是每個人都避免不了的。人要學會的不是逃避苦難，而是勇敢面對，學會擺脫。

要有自己的信仰

川伽先生繼承了一筆10萬美元的遺產，10年後卻破產了。他說：我的父親是個成功的商人，他為人十分慷慨，對我用錢也從不加以限制。在我高中的時候，只要我需要錢，他隨時都允許我用銀行帳號開支票。到上大學的時候，我更是肆無忌憚地大把大把花錢了。我完全不知賺錢的艱難，更不知道要用什麼方法去賺取，我只知道如何去使用那輕易就到手的紙幣。

我這樣揮霍浪費的生活一直繼續到父親過世。父親去世的時候留給我一塊相當大而且十分值錢的土地，位置就在密蘇里河下游靠近萊辛頓一帶。我開始以農莊主自居。但不多久，大蕭條橫掃全國各地，我不得不抵押了一片土地去償還債務和填補銀行存款。但不景氣繼續維持下去，使我不得不把那片抵押的土地以極低的價格賣出。由於我的花費很大，沒過多久，我就把剩下的土地也以此種方式抵押並低價變賣了。

賣土地的錢花完後，我開始恐慌起來。我知道我已一無所有，要繼續活下去，必須得出去找一份工作——那是我以前從未做過的事。我非常害怕，夜晚都不能入睡。

有一天夜裡，當我從夢中再度醒來時，我終於明白自己必須面對事實。我對自己說，滑雪橇的童年日子已經過去，現在你已長大成人，當然行事也要像大人。你應該出去工作！

端正了思想，我開始考慮自己信仰什麼，究竟能夠做點什麼。

現在，雖然經濟蕭條，但我並不是一無是處：我身體健康，受過大學教育，有一定的商業知識，更主要的是我又有從失敗和錯誤中所得到的經驗和體會。現在，我需要的是採取行動，而不是自怨自艾。

經過反思，我對自己有了充分的了解。我深知對我來說，找份工作並不容易。但是，我不能退縮，我必須強迫自己用信心來取代恐懼和疑惑。我相信這個國家是個充滿機會的地方，只要有決心，人人都可爭得一席之地。憑著這份信念，我踏上了人生的征程。

事實證明，我的信念是對的。我在堪薩斯一家財務公司找到了工作，並在那裡愉快地工作了4年。後來，我辭去職務，再度回到故鄉。這一次，事情進行得順利多了。由於我的誠信，我的事業擴展很快。我買進賣出，生意進行得得心應手，不久便獲得不少利潤。感謝多年來失敗給我的教訓，我終於走上了成功之路。

我用自己賺的錢，再度把我失去的產業買了回來。我的努力沒有白費，但更重要的是把這些寶貴經驗都傳給了我的兩個兒子。這比我的父親只傳給我財富的做法要有意義得多。

從這裡我們可以明白，我們必須要有自己的信仰。但是，僅有信仰而不採取行動，一切仍然無用。只有信心而沒有作為，也是無濟於事的。

約翰·席勒在《如何度過一年365天》一書中寫道：「成熟必須靠學習得來。」而且，必須經過痛徹心扉的苦難才能學到。這也正是李莉安．赫德里學得的教訓。

醫生初步診斷，家住加拿大薩克其萬省的赫德里太太脊椎骨斷裂，且骨骼表面因擦傷而長出刺狀物。醫生吩咐她臥床靜養一個月的同時，還帶來另一個壞消息——聽到這個消息，我簡直不敢相信自己的耳朵。我一向活潑好動，從沒遇到過麻煩事。但現在，不幸發生了。臥床靜養的時間從一個月延長到兩個月，然後是三個月、四個月……我的勇氣和樂觀此時已消失殆盡，取而代之的是無盡的恐懼……我只覺得我的一生不會再有希望了。

但是有一天，我從夢中醒來，發覺自己的思緒如水晶般清澈透明。我告訴自己，我還有5年的時間可以利用，我還能夠為家人做很多事情。只要我繼續用藥物治療，並且有信心、有決心戰勝病魔，說不定還能改善自己的狀況。我不想就這樣向命運投降，我一定要盡可能勇往直前。由於我樹立了自信心，並且想有所作為，這種恐懼和無力感立刻消失不見了。我掙扎著起床，想要創造新的生活。

我找了一個詞當做自己的座右銘，時刻不停地提醒自己：向前，向前，向前！

時間已經過去了5年，現在我再度身體檢查，醫生認為我脊椎骨的生長情況良好，再維持5年毫無問題。醫生要我保持愉快的心境，對生命充滿信心，並且繼續向前行。

這正是我的信念。只要我身上的肌肉還能活動，我一定不會放棄。

赫德里太太的故事證明了信念的力量。她的成熟是信念支撐起來的，並且根據這個信念採取行動。

當然，要想變得成熟，僅有信仰是不夠的。信仰的好處是能增強勇氣，使我們在接受考驗的時候，不至於臨陣退縮。我們只有以信仰做基礎，然後付諸行動，才能達到我們理想的目的。

有位會計師告訴我，他在應聘一家公司的職位時，曾受到品格的考驗。由於這個職務須處理極大的款項，公司便派了一名心理學家來與他面談，藉此詳細觀察他的品格與誠實度。那名心理學家問了他一個問題：「假如你有機會溜進一家戲院看電影，不用付錢，你會這麼做嗎？」心理學家知道，假如一個人不能在小事上表現誠實，那麼在有機會獲取大利益的時候，他的舉動就更加令人驚訝。

每個人的思想都會借他的行動表現出來。耶穌曾說過：「由所結的果子，便可以認出他們來。」是的，行動是檢驗思想的試金石。如果沒有行動，其哲學理論叫得震天動地，對我們也沒有絲毫益處；我們所結的果子將是苦的，我們的生命也是虛偽和空洞的。

只要有了堅定的信念，就應當付諸行動。夏威夷有一名叫保羅·瑪哈的建築承造商，他面對任何艱難困苦都不輕言放棄，因此事業做得十分成功。1931年，年輕的瑪哈先生想在建築或工業界找一份工作，但由於經驗不足處處碰壁，好久都沒有一個企業錄取他。當時各行各業都很不景氣，沒有公司需要增聘工程或製圖人員，就是經驗豐富的老手也是朝不保夕。

「我感到非常失望，」瑪哈先生很坦誠地說，「但後來我決定，既然沒有人欣賞我，那我就自己來做。我從親戚朋友那裡籌集了五百美元，成立了一家小小的建築承造公司。」

「起步之初並不是很順利，因為大多數想要蓋房子的人，都不願意找一名沒有經驗又沒有名氣的人來做。但無論如何，我鼓起勇氣，下定決心要做到底。就憑這麼一種信念和堅持，我終於接到了幾份小工程。

「我的第一單生意是承造一棟二千六百美元的房子。由於實際經驗不足，估價不准，結果賠了三百美元。但是，有了這次失敗的經驗，接下去的幾樁生意便彌補過來了。由於我堅定信心，不懈努力，終於衝破了一生中最黑暗的階段，邁向了光明大道。」

是的，人不會因為沒有信心而跌倒，但是若不能把信念轉化成行動，並且不顧一切地堅持到底，理想就無法實現。

你是獨一無二的

我對園藝一直非常感興趣，並在家裡親手設計建造了一個頗具規模的玫瑰園，它給我的生活增添了不少樂趣。一日，當我陶醉在盛開的玫瑰叢中時，我突然意識到：「這些，粗看起來都十分相像的玫瑰，其實差異很大，只要仔細看，便會發現它們朵朵不同，甚至連屬於同種類別的開出來的花都彼此不太一樣，如生長的速度、花瓣曲捲的程度、顏色的均勻與否等，只要仔細分辨，便可以發現它們身上的細微差別和獨特風姿。」

走向成熟的首要條件，就是我們需要了解並接受這個事實，因為這也是我們與他人溝通的基礎。我們必須認可他人是一個完全獨立的個體，猶如我們自身一樣，否則，要想與他們建立起有意義的關係是不可能的。

這聽起來很容易，做起來卻是困難重重。例如，我們常認為自己並無階級歧視思想，但卻不知不覺地常把別人定位在某個階層——普通百姓、中上階層、中下階層、大眾市場、低收入族群、街頭流浪者、白領階層、藍領階層、上層社會等等。這些都反映出我們不願或不能把別人視為獨立個體，而只能把大家看成是幾大群體中的一員。

我們自己何嘗不是別人歸類的對象。許多社會研究或調查人員，幾乎對我們無所不知，如每天喝多少咖啡、有幾輛車子、什麼品牌、喜歡看什麼電視節目、擅長什麼運動等等。

社會學的這種歸類通常強調「定位」、「無藩籬」、「社會流動性」等，以順應我們評定某族群的需求，而完全忽視個人的獨特性。這就使得個性主義在我們這個國度瀕臨滅絕，也使我們對自己的獨特性愈來愈沒有概念，甚至沒有了自己的思想，更是不敢標新立異。

現代人非常渴求能夠得到如何使自己變得「獨特有個性」這方面的知識。姑且不論社會對我們的評定歸類、對我們順應群體的要求帶來什麼壓力，在內心深處，我們卻希望自己能與他人區別開來。為了表達這種渴求，解除這種束縛，越來越多的人被送進了心理醫生的診所或精神專科醫院，還有一部分人選擇用酒精、藥物來麻醉自己，使自己完全墮落。

到底用什麼方法來治療這些疾病呢？要如何才能使我們更清楚地意識到自己的獨特性？要如何才能變得成熟呢？我的建議如下：

第一，安排一定時間獨處，對自己進行反思。

緊張高效的現代社會使我們幾乎沒有時間來深思自己。我們應該想辦法抽出時間來面對自己、認識自己。

對此，每個人的獨處方法各不相同。有一位朋友告訴我，他通常在人群擁擠的街道上，一面散步，一面冥思。「這種方法，可以使我達到忘我的境界，所想出的許多解決問題的方法也比較獨特。」

我喜歡到附近的教堂去，那裡可以安定我的神經，恢復精神，並使自己的心靈變得清澈起來。

此外，我還喜歡接觸大自然。雖然並沒有充裕的時間可以散步或從事什麼戶外活動，但我可以獨自到花園裡走走，甚至只坐在窗旁偶爾眺望窗外的藍天或樹木，這些都可以讓心靈得到極好的休息。每到四季交替的時節，面對變化的景緻或是大地，我都會感受到大自然的神奇與美妙，甚至想像自己也融入其中，成為大自然的一部分。

然而，更多的人卻喜歡靜室獨處，或用其他自我隔離的方式。總之，每天安排一定時間不受干擾地自我反思，能夠對你自己的生活、信仰和種種行為進行深刻探索。歷史上許多哲學家或思想家都有獨處靜修的習慣，如耶穌、佛陀、施洗約翰、笛卡兒、蒙田等。

第二，勇於掙脫習慣的藩籬。

我們都生活在習慣的藩籬或習以為常的無聊事件裡而不自知，非用火藥或極大毅力才能將之破除。想想看，我們有多少人每天都不斷重複相同的行為，生命因此而變得遲鈍、單調且毫無創新。

在成人訓練班裡，有一位家住奧克拉荷馬州的年輕婦女，把自己如何突破習性束縛的經過告訴我們。

我和丈夫都愛看電視，每天下班回到家裡，第一件事就是打開電視，然後一面吃速食餐，一面看節目，直到就寢時為止。我們很少與親友們聯絡，或閱讀書報，或參加社區及其他活動。因為做那些事會錯過一些電視節目，就是有人來拜訪我們，我們也常常心不在焉，只盼望趕快回到電視機前。一天，我和幾個老朋友一道吃午餐，發現自己很難融入其中，因為他們所談的話題我都不清楚。我很少外出，也很少閱讀什麼報紙雜誌，我幾乎很少做其他事，我唯一的嗜好就是看電視。

我把自己遇到的尷尬告訴了丈夫，並對他說，我們得想辦法把這個習慣改掉。他表示同意，我們便開始計畫要如何去做。我們先報名參加某些成人夜校，也開始偶爾去打打羽毛球或跑步；我們到親友家拜訪，或到圖書館借書來看，並大聲念出來給大家聽。我很慶幸自己擺脫了壞習慣。我感到從電視中走出來的生活更加豐富多彩，更充實，尤其是與他人的關係也變得密切起來。

這兩個深陷在習慣的漩渦裡的人，經過共同努力，終於自己拯救了自己。第三，發現生活中最能讓我們感到滿足的東西。請看心理學家威廉·詹姆士在1878年寫給妻子的一封信：「……我認為，檢驗一個人品格的最好方法，應該是發掘出他的精神狀態，尤其是發生某些特別事件的時候，使他能感覺到自己最深刻、最活躍的生命。在這種重要時刻，他的心思會豁然開朗：『這是真正的我啊！』」

也就是說，興奮時刻的我們是最真實的我們自己。因為，感覺到「最深刻、最活躍的生命」，正是最令人興奮的事。

或許，這種興奮與觀念、性格或某種客觀情況有關，但無論如何，興奮本身能讓我們擺脫習性、厭煩和壓抑，然後把我們整個的形態自然、不加掩飾地表現出來。

興奮的特質是決定人類事業能否成功的重要因素，因為情緒的動力是促使我們前進的力量。偉大的物理學家及諾貝爾獎得主愛德華．維克多．亞伯頓爵士就說過：「在科學研究的領域裡，我認為專業技術遠不如熱忱更重要。」

亞伯頓爵士的意思並非是說專業技術在研究工作上不重要，而是認為：熱忱——也就是一種興奮——能使一個人把專業技術完全甚至超常發揮出來。

我從事演講教育已經44年，期間我發現，人們在演講時，其效果當視演講人對其所講題目熱心的程度而定。不論此人講的是氫彈、岳母大人或是非洲的熱帶叢林，他對聽眾所發揮的影響力，完全是由他對演講題目是否感興趣所決定的。

人的個性是天生的，但可以借由某些行為呈現出來。要想發覺真正的自我——也就是可取的與眾不同的東西——則必須先除掉許多人性的束縛，諸如恐懼、畏縮、自我疑慮、迷惑及僵化人性中的種種積習等等。這時，興奮便有如一把利斧，能把捆綁住自我面貌的層層枷鎖斬斷，使真正的自我解放出來。

興奮的表現形式有多種，愛便是其中之一。有部電影名叫《瑪蒂》，講述的就是兩個單調寂寞的人如何因愛而彼此敞開心扉，從而邁向一個嶄新世界的故事。

對有些人來說，興奮也可以說是一種令人振奮的工作、活動或創作行為。耶魯大學的威廉．林恩．菲爾普教授，曾寫過一本名叫《教學的樂趣》的書，書中詳細描述了教學生涯如何使他活得又興奮又快樂的人生經歷。

有些危急、驚險時刻也能激發人的興奮感覺，並能把人的某些性格呈現出來。例如在發生戰爭、洪水或地震時，就會造就出不少英雄人物。因為人在這種極具刺激或挑戰性的時刻，才會把真正的自我和潛藏能力激發出來。還有一些退休後與兒女同住的老年人，雖然平常看起來好像沒什麼用處，但若家庭發生危機或遭受意外打擊時，他們發揮出的力量和效率，往往就變得有如巨塔般令人仰之彌高了。

持續不斷的自我發現、自我探尋才能促使我們逐漸成熟。除非我們先了解自己，否則我們很難去了解別人。根據蘇格拉底的說法，「了解你自己」是智慧的開端。那麼，「你是獨一無二」的說法，便是現代人對古老智慧的繼承和發展。

學會欣賞我們自己

「適度的『自愛』對每一個正常人來說，都是健康的表現。為了從事工作或達到某種目標，適度關心自己是無可非議的。」

布蘭敦醫師的理論是正確的。「喜歡你自己」是獲得健康快樂人生的重要因素。喜歡自己，並不是「充滿私欲」的自我滿足。它僅僅意味著「自我接受」——接受自己的本來面目，包括自重和人性的尊嚴。

心理學家馬斯洛把「自我接受」列入了心理學的最新概念——「最近心理學上的主要概念是：自發性、解除束縛、自然、自我接受、敏感和滿足。」

成熟的人不會浪費時間比較自己和別人不同的地方，不會擔憂自己沒有比爾·史密斯那樣有堅定的信心，或是沒有吉姆·瓊斯奮勇向前的精神。他可能有時會批評自己的表現，或覺察到自己的過錯和效率低下，但他知道自己的目標和動機並沒有錯。他仍願意繼續克服自己的弱點，向前奮進，而不是裹足不前。

成熟的人不會因自己不完美而痛苦，他要同適度忍耐別人一樣適度忍耐自己。喜歡自己與喜歡別人也同樣重要。憎恨每件事或每個人的人，只能顯示出他們的陰暗和自我厭惡。

哥倫比亞大學教育學院的亞瑟·賈西教授指出：教師的生活和工作充滿了辛勞、滿足、希望和心痛。因此，「自我接受」對每名教師來說，都是非常重要的。他認為教育的作用不僅在於幫助孩童及成人了解自己，更重要的是培養他們健康的自我接受態度。

據調查，目前全美國醫院裡的病床，至少有60%是被情緒或精神出了問題的人所占據。有資料顯示，這些病人大都不喜歡自己，都不能與自己和平相處。

分析導致這種情況的各種因素並不是我要講的內容，我只是認為，在這個競爭日益激烈的商品經濟社會中，物質成就已然成為衡量一個人價值的標準。再加上名望的追求、枯燥乏味的工作，凡此種種，都容易使我們的精神產生疾病。我還堅信，由於普遍缺乏一種有力、持續的宗教信念，更易使人們的精神無所依靠。

哈佛大學的心理學家羅伯·懷特博士在其著作《進步中的生命：有關個性自然成長的研究》中強調：「人必須調整自己，以適應週遭環境的各種壓力。」這是當今世界最為流行的一種以理想為根的觀念，他認為：「人能毫無問題地去適應各種狹窄的管道、單調的例行公事、強制性的規定及達成角色任務的種種壓力等。但其採取的行動是否成功，則須看其是否具有拒絕、幫助成長或是改進角色的能力，並且要能創造、表現出積極的力量——說到底，就是在其成長過程當中，要具有創意性的思維和理念。」

的確，現代人很少有勇氣獨樹一幟，或很清楚自己的立場。我們的行為通常受社交或經濟族群的影響，如衣、食、住或思考的方式不安或鬱鬱寡歡。假如週遭環境與我們的個性有差異，有牴觸，我們就會變得不安或鬱鬱寡歡，就會感到失落和迷惑，就會虐待我們自己。

成人訓練班上有位女學員就曾有過這種經歷。她的丈夫是位成功的律師，年輕有為，事業心極強，也很獨裁。這對夫婦的社交圈子當然是以先生的朋友為主，他們大都以聲望和取得的成就來衡量人的價值。這位太太個性十分安靜、謙遜，這樣的生活環境常常使她覺得自己十分渺小，不能發揮自己的長處，而她所具有的優點也常常被輕視甚至忽略。因此她對自己愈來愈沒有信心，也為自己不能具有他人的特徵而愁苦煩悶。漸漸地，她變得不珍愛自己了。這位女學員能夠適應環境，但卻不能適應自己。她不能坦然接受自己的本來面目，而期望能變成另一個與自己完全不同的人。她不明白的是，每個人都具有一定的作用，都可以在生活中表現出來。這種作用必須按照自己的個性表現出來，而不是模仿他人。什麼時候明白了這點，她才會把失去的自我找回來。她自我認同的第一步，是走出別人既定的生活模式，建立一套適合自己的價值標準，並以此開展屬於自己的生活。她也必須學習如何與自己相處，不要常常批判自己、貶低自己。過度自我挑剔是不欣賞自我的一種典型外在表現。適度的自我批評是健康的、有益的，對自我要求進步極有必要，但若超過一定限度，則會影響我們的健康生活。曾有位女學員在課後找到我，抱怨自己的演講沒有達到預期效果。她向我訴苦說：「當我站起來演講的時候，突然顯得很膽怯、很笨拙，而班上的其他學員似乎都顯得泰然自若，很有信心。

我想到自己的種種不足，便像泄了氣的氣球，再也沒有勇氣講下去了。」接著，她又細緻地分析了自己的弱點，並且逐條一一羅列出來。等她講完之後，我便告訴她原因所在：「並不是妳演講得不好，而是妳老想著自己的缺點，沒有把長處發揮出來。」其實，並不是缺點使我們的演講、藝術作品或個人性格顯得失敗。莎士比亞的戲劇裡有許多歷史和地理上的錯誤；狄更斯的小說也有不少過度矯情的地方。但誰會去注意這些缺點呢？這些作品的成就遠遠大於缺點，以致缺點都變得不重要了。我們喜歡一個人、讚賞一個人，是由於他們身上的種種亮點、優點，而不是劣跡、缺點。

強調自己的優勢，培養優點，克服弱點，如此才能不斷進步並自我實踐。當然，我們也要隨時改正錯誤，但不必一直念念不忘。

耶穌對於那些身體或精神受折磨的人，他不會先去查問為什麼這些人會如此，也不會只給予簡單的同情說：「可憐的人哪，你的運氣太糟糕了，命運總是捉弄你。告訴我你落難的緣由吧！」

耶穌沒有這樣做，而是直接切入問題重點。他說：「你的罪被赦免了，回家去吧。不要再犯罪了。」

人們常因以前和現在所犯的種種過錯，加之自己心靈的罪惡感，而顯得自慚形穢。

我們不應該崇尚這樣的自己。為了讓自己跳出這樣的情境，我們必須忘記過去，輕裝上陣。

為了學習欣賞自己，我們必須培養出面對自己缺點的耐心。這種耐心並不代表我們要降低種種標準，對自身的缺點放寬界限，而是我們必須了解一個事實：沒有人——包括我們自己——能永遠達到100%的成功率。期待別人完美是不公平的，期待自己完美更是愚不可及。

多年以前，我在一個組織裡認識了一位女會員，她是典型的完美主義者。她對每件事都力求精確，因此凡事不肯相信別人，而必須自己親自去做。即使做個小小的報告，她也要花費大量的時間去準備、去探究；至於演講，就更要準備得精疲力竭為止。她討厭不速之客去打擾她，每次請客都要事前計畫得盡善盡美。這位女士把每件事都料理得井井有條，十分完美。但這種完美是建立在沒有歡樂、自在或溫情的近乎冷酷的基礎上的，只會令人敬而遠之。

完美主義實際上就是一種殘酷的自我主義表現形式。其深層意思是，我們不能僅表現得和別人一樣好，而是要超越其他人，要像明星一樣閃閃發亮。我們的重點不是自我發揮，不是為了把事情弄好；我們注重的是要勝過別人，使自己達到凌駕於他人之上的獨特地位。

作為一個人，完美主義者也如同一般人一樣會犯錯，會失敗。所不同的是他們不能忍受這種情形，並會因此變得厭惡自己，不理解自己。

這樣苛待自己是錯誤的。有時候，我們要練習自我放鬆，認識到自己的某些錯誤，要學習欣賞自己。

在前面，我曾提過要每天找出時間獨處，以進一步認識自己。獨處也是學習欣賞自己的好方法。馬里蘭州巴爾的摩「賽頓心理學院」的醫療主任李奧．巴德莫醫師曾寫過：「有人喜歡在晚上休息時反思當日的種種活動。這種獨思冥想的習慣，顯然是學習如何與自己相處的好方法。」

在生活中，我們只有學會與自己好好相處，才能期望與別人也能好好相處。哈里．佛斯狄克曾經觀察那些不能獨處的人，形容他們好像「被風吹襲的池水一樣，無法映射出瑰麗的風景」。

獨處是自己心靈憩息的港灣，是反省自己的最佳方法，是我們與外界接觸的基礎。安妮．馬蘿．林柏在其著作《來自海洋的禮物》中曾說過：「我們只有在與自己內心相溝通的時候，才能與他人溝通。對我來說，我的內心就像幽靜的泉水，只有內省時才能呈現其獨特的魅力。」

獨處對我們的心靈運動十分有益處，就好像新鮮空氣對我們的身體極有益處一樣。

有人希望依賴別人得到快樂與滿足，這無疑會為他人增添負擔，並影響到彼此之間的關係。我們應該喜歡、尊重、欣賞我們自己，只有做到這一點才能培養出健康成熟的個性，才能強化與他人相處的能力。

不要盲目照搬

最有獨立性格的拉爾夫·沃爾多·愛默生有一句名言：「要想成為真正的『人』，必須要做個不盲目照搬的人。你心靈的完整性是不可侵犯的……當你放棄自己的立場，而想用別人的觀點去看一件事的時候，錯誤便會油然而生。」

這段話對於喜歡強調「由別人的觀點來看事情」以增進人際關係的人來說，無疑將產生強大震撼。

愛默生的話也可以這樣理解：「要盡量以他人的觀點來看事情——但不可因此而失去自己的觀點。」假如成熟能帶給你什麼好處的話，那便是無論遇到什麼因素，都能發現自己的信念並增強實現這些信念的勇氣。

涉世未深的年輕人，常常會害怕自己與眾不同……無論是穿著、行動、言談或思考模式，都盡量符合自己所屬的圈子。家裡有中學生的父母，最害怕聽到這樣的話：「莎莉的媽媽都讓她穿高跟鞋。」「別的像我這樣年紀的女孩子，都和男孩出去約會了。」「天哪，你們要我成為傻子嗎？11點鐘以前回家，那跟蹲監獄有什麼區別呢？」

小孩子做事大都願意與同伴保持一致。在他們心中，被同伴認同是自己存在的最重要證據。假如同伴之間的標準與父母的標準發生衝突，對他們也會造成極大傷害。而對於父母來說，這也正是最讓他們棘手的事。

當我們來到一個陌生的地方，又沒有以往的經驗可以參考的時候，最好的方法便是順應一般人的標準，直到我們掌握了足夠的經驗和技能，我們才能照著自己的信念和標準去做。若是還不清楚自己反對的對象或理由便貿然從事改革，那麼等待你的必然是失敗。

隨著見識的成長，時間會使我們形成一套屬於自己的價值體系。比方說，我們會發現誠實是最好的行事方針。不僅我們接受教育如此論述，我們自己的觀察、經歷和思索的結果也這樣告訴我們，認為犯罪的代價是不值得的。令人高興的是，對於整個社會來說，大部分人都贊同並願意遵守某些生活的重要基本原則，否則，這個世界就是另外一種面目了。

當然，大眾準則也有受到考驗的時候，它會隨時受到一些不隨波逐流的人的挑戰——這便是文明進步的動力。如人們一向對世襲奴隸制度敢怒不敢言，直到有少數開明進步人士大聲呼籲，最後才逐漸得到響應。還有，酷刑逼供、剝削童工、不人道的刑罰、產品誤示等。這些不合理的現象一度為大部分人所接受、承認，直到有少部分人提出質疑反對，並堅持到底，才被權力機構逐漸廢除。

勇於標新立異，提出自己的見解並非易事，至少不是件愉快的事，有時甚至還有危險性。所以，大部分的人寧願順應環境，躲在人群中接受保護，也不對各種統治者提出反對意見或表示異議。事實上，我們並沒有體會到，這種所謂的安全是虛偽的。大眾心理都是隨波逐流，只有那些不合情理的事落到自己頭上時，才會有所觸動。

人們一味地追求安全感，選擇順應環境，最後只能淪為環境的奴隸。人的真正自由在於接受生活的各種挑戰，在於不斷奮鬥，並經歷各種爭議。著名的戰地特派員愛特加．莫勒曾說：「追求消極性的德行——如順應環境、安全或一般所謂的幸福，並不能使一般男女實現人格的完整性，只有憑藉承受重擔以達到卓越的境地（這也是最大的幸福才可以達成的目標」。健康的人從不逃避困難，我們的祖先因為了解這一點，才使人類有了今天的發展。」

根據我在前面已經討論過的觀點——接受責任是邁向成熟的第一步，成長應解釋成：在父母的保護庇佑之下，逐漸走向自我發展的浩瀚世界。

成熟的人們，不應再後退躲進怯懦者的避難所裡，去做環境的奴隸；沒有必要隱藏自己的鋒芒，盲從別人的思想，而要凡事有自己的見地、理論。

有一種有堅強性格的人，他們根本不需要別人向他們發表什麼有關人性價值的長篇大論。這種人通常有強烈的使命感，從而義無反顧地去面對各種困難。

但大部分的芸芸眾生——像你和我，或親朋好友、鄰人——卻常常搖擺於各種團體的壓力之間。在我們的思想意識中，如果反對的人占多數，那必定是我們錯了。我們的信念常常被絕對多數所壓倒。當大多數人反對我們的時候，我們才會對自己堅持的信念產生動搖。

有人有這樣的想法——那些不隨波逐流的人，通常是一些古怪、喜歡譁眾取寵或喜歡標榜「與眾不同」的人。我們不會認為一個剃光頭的，或赤足行走的人，或穿著T恤參加正式宴會的人，或在劇院內抽雪茄的女士，是一些喜好自由的獨立人士，反而會認為他們像動物園裡的猴子一般，是還沒有進化的非文明人。

成熟的性格能夠進一步堅定我們的信念，並驅動我們去為信仰而努力奮鬥，無怨無悔。每個人對自己、對全人類、對神都負有一種責任，就是盡己所能造福人類。

在這方面，愛默生可謂是令人敬佩的模範。他在世的時候，有很多從事反奴隸制或其他種種改革運動的人希望得到他的支持，但都被他拒絕了。愛默生不是不同情這些運動，他衷心希望他們能夠成功，如願以償。但他卻不認為應該把自己的精神與能力放到這些運動上面，因為那並不是他的專長。他一直堅守這個原則，即使因此遭人誹謗，也不曾改變動搖過。

堅持一項由多數人反對的原則，或不隨便認同一項大眾原則，都需要有堅忍不拔的性格。一個不隨波逐流的人，願意為自己的信念承受罪名而絕不改變，的確需要極大的勇氣。

我在一個聚會上曾目睹過這樣一件事。當時，話題正轉入最近發生的某個議題。在場的人均贊成某個觀點，只有一位男士表示異議。他先是含蓄地保留意見，後來因為有人正面向他提問，他才微笑著說：「對於這個問題，我本想保持沉默，因為我與各位的看法存在一些差異，而這又是一個愉快的社交聚會。但既然你們問了我，我只好把自己的看法說出來。」接著，他便把自己的看法簡要地說了一下，結果立即遭到大家的圍攻。他固守自己的立場當仁不讓。結果，他雖未說服別人贊同他的看法，卻贏得了大家的尊重。因為他堅守自己的信仰，有自己獨到的見解。

僅僅在兩三個世紀以前，美國人還必須獨自去面對生存的挑戰。那些駕著馬車向西部開發的拓荒者，碰到事情的時候並沒有機會找專家來幫忙解決困難。無論遇見多大的危機，他們都只能依靠自己來解決。生病的時候，沒有醫師，他們便依靠常識或家庭祕方；有敵人來攻的時候，沒有警察，他們便利用自己製造的武器和睿智擊敗他們。要想定居下來，那時還沒有什麼建築公司，完全得靠自己的雙手修建房屋；想要填飽肚子，更是得靠自己去耕種或捕獵。這些人，每次碰到生活上的任何問題，都得立刻下判斷、做決定，因為他們沒有可依靠的對象。

現在的我們生活在一個充滿專家的時代。由於我們已經對這些專家的權威性有了一種依賴感，因此便逐漸喪失對自己的信心，以致不能對許多事情提出意見或堅持信念。這些專家如此輕易地取代了我們的地位，是因為我們的思想漸漸變得懶惰起來。

我們現今的教育框架完全是一種既定的性格模型，這種教育方式很難訓練出什麼領導人才。由於大部分的人都是跟從者，不是領導者，所以我們在訓練領袖人物的同時，也迫切需要訓練一般人如何有意識、有智慧地去遵從領導，如此，才不會像被送上屠宰場的羊群一樣，盲目地任人宰割。

教育學家華德．巴比告訴我們：依照國家需要的人格特性訓練出的孩童大都具有如下特性——能社交、平易近人、能隨時調整自己以適應群體生活等，每個小孩都是如此。因為畏縮性格被認為是不能適應環境的表現，所以每個孩子都必須參與遊戲，且輪流當領導人；每個小孩都必須針對每個題目發表意見，都必須討取別人的認可和高興。

要使這些國家未來的主人翁都能在我們的教育體系下愉快地接受訓練，我們必須要讓這些有獨立個性的小孩也有獨立的空間。比如說小孩喜歡閱讀而不喜歡玩棒球，或是喜歡畫畫而不喜歡彈鋼琴，我們都應該允許他們能照自己的意思去做，而不應把他們看成是與群體格格不入的人去加以限制或阻撓。

有一些家長勇於在公立學校為自己子女的教育方式提出異議，這是非常令人敬佩的。因為通常別人會反駁他們沒有資格談論這方面的問題，這些均屬教育專家的職責範圍。我認識一位住在城郊的年輕人，他就勇敢地站出來為自己兒女的教育方式向學校提出了自己的見解。他是個具有獨立思維的人，並對自己的觀點極具信心。他不斷提出問題，而且獨自與世俗的舊習奮戰。半年之後，有不少人受他影響，選他出來當社區教育委員會的委員。現在，不但他自己的子女受益匪淺，更有無數名學生因他所提出的意見而得到了好處。

在如今的市場上，泛濫著各式各樣的教科書，兒科醫師告訴我們要如何餵養、撫育和照顧子女；幼兒心理學家也告訴我們該如何教導子女；成功的商業人士告訴我們要如何進行商業談判；在政治上，我們投票很少是出於己願，大部分是跟從某些特定團體的意見；甚至我們的私生活，也常常受某些專家意見的影響。這些專家觀察、製作圖表，然後把意見推銷給大眾，讓大眾接受並依其行動。我們絕大多數人都沒有想到自己其實才是世界上最偉大的專家，但是在他們自己本身、家庭或事業的世界裡，他們的所作所為不過是因為「專家」這麼定義，或那是一種潮流，重在參與而已。愛特加．莫勒非常幸福地用「群體狀況」這個詞來警告我們，他認為這種東西會扼殺人類個體的珍貴價值。莫勒在《週末文藝評論》中寫道：

這種扼殺無異於人們斥責的納粹政權，它鼓舞了人性中的殘暴和專制成分，這是與美國社會的理想背道而馳的。

美國的立國精神除了維護國家的獨立外，最重要的一條就是要使人民在國家中受到尊重。假如美國人因受威脅、賄賂或被教育成不具獨立人格的族群，他們就有權利起來反對政府。

莫勒在文章最後辛辣地說：雖然人類還無法達到天使的境界，但這也並不是他們必須變成螞蟻的理由。

難以諱言的是，「保持自己的真面目」是我們最難做到的事情之一。在這充滿了大眾產品、大眾傳播及裝配線教育的發達社會，了解自己很難，要維持自己的本來面目更難。比方說，我們常把人們按照其所屬的集體或階層進行歸類評判，如「他是工會的人」、「她是職業女性」、「他是自由派」、「他是反動分子」等。幾乎我們每個人都被別人貼有標籤，也毫不留情地為別人貼上標籤，很像是小孩玩的「官兵捉強盜」的遊戲。普林斯頓大學校長哈洛．達斯曾以「成為獨立個體的重要性」為題在1955屆畢業典禮上發表了演說：

無論你正在承受多麼大的壓力，使你違心地改變自己去順應環境，只要你是個具有獨立個性氣質的人，便會發現，不管你如何盡力想用理性的方法向環境投降，你仍會失去自己所擁有的最珍貴的資產——自尊。想要維護自己的獨立性，可以說是人類具有的神聖需求，是不願屈尊附就的尊嚴表現。隨波逐流雖可一時得到某種情緒上的滿足，卻也會使自己的心情難以平靜下來。

達斯校長最後做了一個發人深省的結論，他指出：人們只有在找到自我的時候，才會明白自己降生於世的意義、責任、義務歸屬等這些基本的問題。

1955年6月，澳洲駐美大使波西．史班德爵士，在受任為紐約聯合大學的名譽校長時，曾經指出：

我們生存的意義是要發揮出我們所有的聰明才智和技能。我們對自己的國家、社會、家庭都具有責任。這是我們來到這世上的理由，也是使我們活得更具價值的基礎。如果我們不去履行這些義務，社會便會雜亂無章，自然我們的天賦和獨立性也不能發揮。因此我們有權利也應有一個神聖的機會去培養自己的獨特性，只有這樣，才能造福於自己、親朋，乃至全人類。

不要讓人覺得討厭

在我們生活的環境中，有些人總是在不斷地給人製造乏味，讓人心煩，使人討厭。這種人的行為雖算不上犯罪或過格，但卻極大地危害著人們，而且人們也無法將這些令人乏味的人或事隔絕開來，使它們不致總是糾纏我們。現在的醫學技術非常高超，可以治療許多疾病，如喉炎、手癬、疥瘡、疔毒、腰酸腿痛，甚至一些癌症等，但至今還沒有什麼藥方可以治療這種「令人乏味」的毛病。

在沒有特效藥方的情況下，我們只好以預防來代替治療。在治療之前，我們應該先診斷出該病的病因。首先我們要來分析一下「令人乏味的人或事」所產生的條件或方式。假如我們發現自己具有這些症狀，便會明白為什麼前天萊特夫人沒有送來請帖，邀請我們出席她的生日晚宴了。

以下列舉了幾種最令人生厭的狀況。如果我們事先發現在自己身上有這些情形發生，應盡力加以避免，竭力使自己變成一個令人喜歡的人。

一味談論小孩或寵物的事

人們通常見面，不可避免地會問一些諸如「你的小孩好嗎」之類的話，豈不知這種話卻最會招來一大串令人生厭的評論。

這些評論其實毫無價值可言，但只要開閘，你便要呆坐在那裡，任憑一瀉而出的話題把你淹沒。這類談話基本上都是如下這些內容：

哎呀，我的湯姆近來又犯老毛病了，他拒絕吃早餐，還把整碗麥片倒翻過來，蓋在自己的頭上。真是太調皮了！我只好打電話給小兒科醫師。我對醫師說，我已經想盡各種辦法了，但湯姆總是不肯好好吃東西。他不是把麥片吐出來，便是把麥片弄得到處都是。我只要一會兒不看著他，他就會把麥片弄得滿身都是。醫師讓我把麥片加點香蕉丙試試看。但是，湯姆從來就不喜歡吃香蕉。他說：「湯姆不要蕉蕉。」胖胖的小手揮個不停，還高聲大叫，差點把屋頂給掀了。你不知道，他比同齡的小孩長得快，我們附近沒有一個小孩像他這麼有表達能力，真是奇怪！就在前天，他還把桌布從桌上拉下來，然後用那對水汪汪的大眼睛望著我，說：「湯姆拉拉。」把我和丈夫都樂壞了。

就像這樣的不鹹不淡的話題，相信你聽著聽著也快要煩死了。更令人無法忍受的是，無論何種話題都能夠被這種人輕而易舉地拉向她所想要說的方向，無論是多麼風馬牛不相及的事，都能馬上「言歸正傳」。你若想把話題岔開，談談電視節目或是天氣等，根本不起作用，她們兩句話就能轉到自己的寶貝孩子身上。

這樣的女士比比皆是。假如當時的話題是有關國際戰爭或航太方面的，她都能乾淨俐落地把話題直接引到她女兒達芬身上。

她會說：「啊，你知道戰爭多可怕呀！就在前幾個月，達芬一位同學的父親在國外因戰爭受了重傷，達芬還特地去看望了他。達芬回來時顯得非常難過，她說她愛我們。」

就是這樣。事實上，這些都是心靈尚未成熟的人，因為他們還不懂得交友的首要法則——為別人著想。

使人不勝其煩的是，這些令人生厭的話題涵蓋範圍十分廣泛，不僅只是有關小孩的，還有可能是丈夫感興趣的——重新裝修客廳，或是瑪莉表姐的水果收藏室；也有可能是某兄弟的工作，或是痛苦遭遇；甚至也可能是有關貓狗等寵物的瑣事。有一天，我在曼哈頓的某個街角碰到一位老朋友，她便用整整40分鐘向我描述了她家的可愛貓咪的消化系統如何出了毛病，把我聽得大倒胃口，她卻沒有一點感覺。

談話沒有側重點

馬克·吐溫有篇小說，是寫一個嘮叨乏味的人。故事是這樣的：

啊，你知道西部的哈比印第安村裡是什麼樣的嗎？我可是知道，因為我去那裡參觀過。我們是星期五早上出發——啊，不是，應該是星期四。對，我們得星期四走，因為星期三我要先去治牙病。我上面的牙長了一個洞，因此要牙醫幫我修補一下。啊，上帝，那個牙醫真是多話，一直講個不停。幸好他還懂得做生意。我曾和上司提起過他。

說到我的上司，你可能不認識他，他真是個懶蟲，什麼事都要靠我去料理。有一天，我對愛拉說：「愛拉，如果我哪天辭職了，你想我的上司會怎麼辦？」愛拉回答說：「假如你辭職不幹，我就要回家去找媽媽了。」你聽，這是成年人說的話嗎？

聽了半天，你都不知道那個哈比印第安村究竟是什麼樣子！

踢到木樁了

這種性格的人較健談的人數量要少一點，但也值得一提。

當你搜腸刮肚想要找出一個能與對方探討的話題時，卻發現完全是剃頭挑子一頭熱。你試了又試，想要逗他講出一些東西，但得到的只是面無表情的反應，或幾聲單調的「哦」而已。夠幸運的話——我可從來沒有過——你也許還能聽到一句比較具體的問話——「是嗎」，這使是對你滔滔不絕最大的獎勵了。

這種人就像木樁一樣，毫無感性，想從他那裡發掘出智慧或禮貌性的反應更是難於上青天。他們無法對你感興趣，只會永遠保持那種木樁似的安靜，似乎沒有一點知覺。他們就如同威廉·史特格筆下的漫畫人物坐在你的面前，假如那些畫中人能走出來的話。

不管談什麼，都喜歡爭論不休

同這種性格的人談話，你永遠別想占上風，因為任何話題都會像回力球一樣，反彈回來打到你的臉上。這種人就像一部百科全書，似乎知曉每件事的答案，並可以只用幾句簡單幹練的話結束任何討論，不給別人再發言的餘地。假如你同他有不同的意見，他會毫不客氣地指出你的彌天大錯。

他大聲咆哮：「上帝，你真是瘋了！難道你沒看報導這事早經證實，就是——」或是，假如他當天情緒較好，則會放低聲音告訴你：「事情的真相不是你說的那樣，先生讓我來告訴你，其實……。」

這種唯我獨尊的人，其實也是不成熟的表現。麻煩的是，他們總會告訴你一些事——斷然地、結論性地、突然地——而且是你特別不喜歡聽的東西。

對付這種不成熟的人，只有一個辦法：就是無論他講什麼，你都唯唯諾諾表示同意。否則，縱使溫和婉轉地表示否認，一場消耗戰也會把你弄得身心疲憊。與這種人交談，你很難期待能彼此討論或交換看法，因為他只注重如何把自己意見說清楚，而且帶有一種不容侵犯的權威性，使你無力反駁。

低調主義者

這是一些對生活悲觀失望的人。生活對於他們來說就像是在坐牢。他們對人生沒有什麼指望，認為人世間到處是陷阱、泥沼和各式各樣惡毒的人，甚至連氣候也變得不穩定，變得比以前更惡劣了。

與這種人交談，你不知不覺地就會感染上這種情緒，變得悶悶不樂起來。因為這種氣氛跟壞天氣一樣，具有不良的影響力，無論你自己的情緒有多好，只要氣候一變，你的身體很難不被感染。

我認識一位太太就是這類人。每次見面，她都要向我詳細報告近況。不幸的是，我總是聽不見一件快樂的事。

「我昨天上街，想要買些布料做一個廚房用的窗簾。」她告訴我，「可是我整整等了20分鐘也沒有一個店員過來為我服務。他們根本不忙，有的聚在一起閒談，有的在照鏡子。有時，他們偶爾也望我一眼，也許我不像是什麼有錢人，不值得特別侍候，竟沒有一個人搭理我。其他店的情形也是一樣，我真是受夠了！還有，我最近身體狀況也不大好，醫生說我的消化系統幾乎處於癱瘓狀態，我能正常生活簡直是個奇蹟！還有這天氣，總是使我的骨頭疼痛難忍。像我這種情形，你一定認為我的家人多少會關心我一點，但是，坦白地說，我在家裡得不到一點溫暖。這個世界真是糟透了。」

以上只是她談話的一部分。這些人所能抱怨的，可是幾天幾夜也說不完。

無論是喜歡嘮叨的太太，或是健壯的青年，這類人只要一開口，通常都是說個沒完沒了。他們把自己放在舞台中央，是各方注意的焦點。只不過台下卻是哈欠一片，鼾聲四起。

以上所提到的種種人士，他們並不知道自己的言談令人生厭。正如我們所說，沒有人會故意惹人討厭。這些人認為自己是各種集會的活力泉源，是八面玲瓏的交際家，是活潑的信使，可愛的傳播員。也許你和我也正是這一類型的人，只是我們自己尚未察覺。

值得慶幸的是，這類狀況並非是無跡可尋的，只要我們留心觀察，隨時警覺，還是可以及時挽回聽眾的。比方說，有些聽眾臉上會呈現出極不自然的表情。如果我們正興致勃勃地談論女兒如何懂事、會心疼人，突然發現聽眾坐立不安、心神不寧的樣子，那時我們便要趕快停止話題，或是讓對方也有機會可以談談他們家的小兒子。當然，接下來你便也會感受到同別人一樣的痛苦。

再比如說，如果對方開始偷偷地看手錶，或者開始左顧右盼，其用心就更明顯了。你那時若不立即打住話題，就要明白對方已開始心煩意亂，甚至在心裡開始咒罵了。公開演講的人尤其應該隨時注意這種「叫停症狀」。

看到這裡，你可能會產生疑問：以上談到的問題，究竟與心靈的成熟有多大的關係呢？我們可以這麼說，言語乏味不生動，缺少變化，這就說明說話人缺乏智性、邏輯能力和對人的敏感性，而這些特性都是完成健全人格、對別人產生正常反應的決定性因素。

讓別人喜歡你的前提是你首先要付出，而且是真誠地付出，不是靠一時的吸引或哄騙。讓別人喜歡你，並不是指勾肩搭背、與人攀談、動作滑稽或講些逗趣的笑話就達到目的了。那應該是一種心境、一種高尚純潔的特質，或是一種願意把自己的情感、愛心、專注力以及服務精神獻給他人的願望。

別人為什麼要喜歡你

當我們開始對生活產生憧憬的時候，常常會夢想有朝一日要寫出一部永垂青史的小說來。我們想像別人是如何稱讚那本書，如何聽到掌聲，如何享受到那永遠的榮耀。

夢想自己如何如何的打扮，想自己無論到哪裡都有無數的鮮花和掌聲，自己說的話到處有人在傳，還有……我們想的都是美好的事情，就是從來不曾想過可能會遭到的困難，或是那些枯燥乏味的冗長工作，那些在創作過程中所流出的淚和汗。我們想的都是有關榮耀的報償，而不是怎樣去獲得這份榮耀。

像這種「空中樓閣」似的幻想，可說是典型的「一顆孤獨的心靈想要得到溫暖」，或是「渴望得到友誼」的心理表現。只是，我們把次序弄錯了——我們是希望別人先來喜歡我們，卻不曾想要先取得別人的認同和好感。

我時常聽到這種埋怨：「我少言寡語，很難引起別人的注意」、「沒有人會喜歡與我交往」或是「他們並不想認識我」等等。你有沒有想過，憑什麼要別人喜歡你？這世界誰也沒有義務非要喜歡你或我，或任何一個人。有什麼特別的理由要別人會特別選中你呢？除非我們具有他們所要的特質，否則，他們沒有理由非要注意你。

要想贏得別人的友誼或感情，首先要做的就是用心去改善自己的精神面貌，並修養到能讓別人喜歡你的特質，而不是擔心別人是否能夠接納我們。

孔子說得好：「不患人之不己知，患不知人也。」著名歌唱家瑪麗安．安德森曾經很動情地講述了她早期的生活情況——那時她的事業正處於低迷狀態，她幾乎就要放棄自己喜愛的歌唱生涯。後來，憑藉心靈的追求，她才逐漸恢復勇氣和信心，準備繼續為自己的事業奮鬥下去。她告訴母親：「我不能再這樣下去了，我要繼續唱下去！我要每個人都喜歡我！我要追求自身的完美！」

她母親聽後，對她說：「我支持你的決定，但有一點我要提醒你：人在成就偉大的事業之前，必須先學會謙卑。」瑪麗安聽了深受啟發，她決心在音樂造詣上「力求」完美，而不僅僅是「想要」完美。「謙卑先於偉大」，這是母親送給她的人生贈言。

以擁有狗明星「強心」而名噪一時的亞倫．卜恩，透過長時間地與狗共同生活與合作，使他深有感觸，寫下一本極為轟動的暢銷書——《寫給強心的信》。他在書中說到，強心在拍片時總能保持最佳狀態，因為牠並不是為報酬而工作，而是真的喜歡這項工作。好幾次，現場根本沒有人要求牠表演，牠卻一直做著各種可愛的動作——這就是牠能成為明星的真正祕密。

卜恩先生還講述了一個小舞星的故事。那個小女孩在試鏡時局促不安，幾乎暈倒。卜恩告訴她：「不要去想試鏡的結果，只要高高興興地跳就行了。」

那個女孩聽後放鬆身體，試鏡之後果然被錄取。

事實證明，贏得別人注意的最好方法就是不要去擔心結果如何，或在意別人是否喜歡我們。只要我們開始採取行動，努力去實踐那些必須完成的事項即可。正如威廉．奧斯勒爵士所說的：「不用為模糊不清的未來擔憂，只要實實在在地為現在努力即可。」我有個作家朋友，叫荷馬．克洛維，他十分擅長人際交往，無論是環衛工，還是身價百萬的富翁，在與他接觸15分鐘後，都能被他的魅力深深吸引。為什麼呢？他既沒有華麗的外表，也沒有萬貫家財，他有什麼可以吸引人呢？因為他一點也不矯揉造作，他能讓別人感覺到他真的對他們感興趣。歸結起來，我的這位作家朋友幸福之源的祕訣就是對人誠懇熱情、願意助人。對於他來說，無論多麼惡名昭彰，無論對方從事何種職業，他都不會在意。只要是身為一個人，對他便意義重大，便值得他付出關愛。他總是很快就能像老朋友一樣與陌生人交談起來，並不是專談自己的事，而是盡量談對方的事。透過交談，他可以知道對方是從哪裡來、做什麼事、有什麼家人等等。他不會說個不停，只是向對方表示自己的興趣和關心，藉以建立起友誼即可。只要你有愛心，連最愛嘲笑人生的人，都會像陽光下的花朵一樣吐露芬芳。正像約瑟夫·格魯大使所說的：「外交的祕訣可以用一句話來概括：『我想要喜歡你。』」荷馬·克洛維從來沒為結交朋友擔心過，因為他已經是每一個人的朋友了。他不在意別人是否喜歡自己，只是專心地去喜歡別人，結果到處都是他的朋友。有經驗的銷售人員都明白這個道理：如果你太在意生意的成敗，你就會因心理負擔過重而影響你的表現。「大眾食品」的董事長哈利·布里斯在大學時代，曾經靠推銷縫紉機來勤工儉學。布里斯先生認為，一個好的推銷員應把如何為顧客進行更好的服務放在首位，其次才是關心交易是否成功。許多人都有這樣的經驗，玩高爾夫球的時候，眼光都集中在球上。我在教導學生如何與人溝通的時候，經常強調要把注意力集中在所要傳達的資訊上面。假如你遇事過於在意成效如何，就容易產生緊張、害怕、表達不良等情緒，結果反而會事與願違，不到真正的目的。

這些經驗都是我透過多次教訓總結出來的。我生性怯懦，好多人都以欺負我為樂。像餐廳的老闆、人力車夫、計程車司機等，都喜歡嚇唬我。此外，我的性格也比較內向，屬於那種靦腆型。要我站在別人面前講點話，花費的精力大概和別人主持一台大型節目差不多。

多年以前，我到某地進行一場演講。聽說當地的聽眾相當難纏。我事前與一位好朋友聊天，不免流露出緊張的情緒。「萬一聽眾不同意我講的話，怎麼辦？」我神經兮兮地問那位朋友。「如果他們不喜歡我，那我可就慘了。」

「你說得很對，」朋友回答道，「他們為什麼要喜歡你呢？你能為他們做什麼？你認為自己要講的話很重要嗎？」我說：「那些東西對於我來說，的確意義十分重大。」「這就對了。」她繼續說道，「我倒覺得聽眾喜不喜歡你無足輕重。重要的是你有沒有把想講的資訊傳達出去，至於他們喜歡或討厭你，並沒有什麼關係，你只要達到了自己的目的即可。」

朋友的話深深觸動了我，也啟發了我。現在，每當我準備發表演講的時候，都會在事前靜心禱告以求我能夠傳達出對這些聽眾有益的資訊，讓他們有所收穫，滿心歡喜地回家。這樣的禱告使我謙卑地體認到，自己只不過是個傳達某些資訊的講解員，而不是要賣弄自己的學問或風采的輕薄學者。我的任務是要帶給聽眾一些鼓舞性的思想，而不是炫耀自己。

讓別人喜歡你的前提是你首先要付出，而且是真誠地付出，不是靠一時的吸引或哄騙。讓別人喜歡你，並不是指勾肩搭背、與人攀談、動作滑稽或講些逗趣的笑話就達到目的了。那應該是一種心境、一種高尚純潔的特質，或是一種願意把自己的情感、愛心、專注力以及服務精神獻給他人的願望。

這有點像《聖經》裡的內容，是嗎？不錯，我們的文明越進步，就越可發現在幾千年前的宗教信仰裡，早已貫穿了我們現代人為人處世的一些哲理。以《來自史洛夏普的少年》一書而聞名於世的英國卓越的知識分子休士曼，身兼詩人、評論家、演講家和教師等身分。他一向不喜歡教條和所謂的「宗教傳說」，但有一次，他在演講中卻引用了《聖經》中的經典之語：「我認為人類史上最有深度的一句話是：『那些想挽救生命的人，往往會失去生命；而那些失去生命的人——對我來說，其實是挽救了生命。』」雖然休士曼強調的是藝術家應當看重創作本身，而不是創作所可能得到的報償。但此語對藝術的理論屬實，對事業、對贏取友誼、對人類各方面的種種努力，亦是屬實。我們應把首要的事放在前頭，如：要想獲得關心，先要值得被關心；要想贏得友誼，先要表示友善；要想使別人對我們感興趣，首先要對他們產生興趣——沒有任何捷徑可走。「施比受更有福」是句至理名言，也是我們贏得友誼和情愛的制勝法寶，我們要把它落到實處。我們不能只是把金礦藏在內心，黃金必須使用才能顯示其價值。像《聖經》所說的：「由所結的果子，便可認出他們來。」我們常常有一種錯覺，認為夫妻間深厚的感情是不必常掛嘴邊的。但是，假如這種感情長期不表示出來的話，它很可能就會因失去滋養而乾枯掉。我們常聽許多太太說到，當她們親愛的丈夫為某些小事表達謝意的時候，她們是多麼欣慰呀！愛是人類世界和諧的精神力量，世界缺少了愛的關懷，無疑將會變成一片荒漠。因此，與人交往時，我們必須感受到他人的感受，要有「人飢己飢，人溺己溺」的敏感。這就是「同理心」，是我們與他人「同在」的一種感覺。同理心能使你真正體會到手足、朋友、父子、母子、鄰里之間的情誼，也是人與人之間能夠融為一體的感情聯繫。同理心使人類能夠擺脫奴隸制度，邁向真正的文明。同理心是我們若想維持成熟的人際關係所應必備的一種交際能力。

抓住時機採取行動

1946年，加拿大尼加拉大瀑布鎮的一個名叫G．W．卡斯特羅的年輕人，從軍隊中退役返鄉。很快，他在安大略水力發電公司找到了一份工作——機械工。安穩、快樂地工作了18個月後，有一天老闆告訴卡斯特羅一個好消息——他將升為廠裡重油機要組的領班。

當時，我一聽到這個消息，便擔心起來。卡斯特羅先生說，原來我一直是個快樂的機械工，現在卻成了可憐的領班。責任壓得我透不過氣來。無論醒著或睡著、在家或在廠裡，焦慮總是伴隨著我。

果不其然，我一直擔心、害怕的重大緊急事件發生了。當時我正走向一座應該有4部牽引機在牽引4部巨大的挖掘機的沙石場。一切似乎安靜得很不自然。很快，我就找到了原因——4部巨大的牽引機全都壞了。

過去的憂慮跟當時的擔憂比起來都算不上什麼了。我向上司報告4部牽引機都壞了的情況時，整個腦袋都快要炸開了。急促地報告過這個消息之後，我等著屋頂塌下來壓在我身上。

出乎我的意料，一切並非我想像中那麼糟糕。我的主管滿臉笑容地向我說了一句話，就是活到一百二十歲我都不會忘記那句話——「把它們修好！」

我的擔憂、恐懼和焦慮頓時煙消雲散，上下顛倒的世界又恢復了原來的樣子！我走出去拿起工具，開始修理機器。那句美妙的話——「把它們修好」，是我生命中的一個轉折點，改變了我對工作的處理方法。從那時候開始，我每天都感謝那位主管，並熱心地工作。我抱定一個決心，那就是如果出了任何差錯，我都要想辦法把它解決掉，而不僅僅是擔憂。

在主管對事不對人的管理下，G．W．卡斯特羅學會了成熟——在必要時擁有行動的能力。做決定和執行決定是成熟的一環。當然，我們必須從各種角度分析、研究問題，因為當解決問題的時候到來時，我們必須選取明確的行動解決它。

然而，許多人不敢擔負起做決定、執行決定的責任。對於他們而言，出了差錯受到責怪的恐懼，遠比成功的希望更具有影響力。因此，他們盡可能避免要負責任的情況，甚至在必須做決策時，他們反而會陷入擔憂、恐慌和遲疑的迷霧中。拖延必要的行動所引起的內心衝突和緊張，很有可能造成身心的崩潰，而且往往真的會造成這種惡果。

印第安納州波利斯市的西奧圖．G．斯坦坎普，就是那些幸運者之一。他的父親不僅知道明確行動的價值，而且還知道以他兒子永生難忘的方式來教導他。事情是這樣的：

12歲那年的一天，我被門前那條街的孩子王打了一頓，我便對他充滿恐懼，因此決心留在家裡不出門，這樣就比較保險了。幾天之後，我的父親給我一些錢去看電影、買冰淇淋吃，用來獎勵我幫忙割草。我收下父親給我的錢，但不是去看電影——平常我最喜歡看電影的——怕會遇見那個打我的孩子。

我父親問我是不是生病了，我支支吾吾地矇混過去了。第二天傍晚，我冒險到巷子裡去玩彈子。後來我看見我的敵人——這時候他看起來簡直就像《聖經》裡那個被大衛殺死的非利士大巨人一樣可怕——向我衝過來。我拚命地跑進我家的車庫裡，氣喘吁吁，嚇得全身發抖，然後卻發現我正跟我爸爸面對面。他問我究竟在幹什麼，我軟弱地解釋說我們在玩捉迷藏。這時候巷子裡傳出那個惡魔的聲音：「出來，你這個膽小鬼！」

我爸爸拿了一條大約2英尺長的汽車皮帶走過來，然後平靜地告訴我說，要是不出去面對巷子裡那個孩子的話，就得躲在車庫裡挨皮帶。我當時不知所措，於是我的父親便拿起皮帶抽在我的屁股上，那種痛楚超過打架時挨過的拳頭。

我像顆砲彈般衝出車庫，出其不意地攻擊那個孩子。第一拳打過去，他沒有心理準備，因此我痛痛快快地揍了他一頓，並把他趕出了巷子。

接下來的幾天是我童年記憶中最快樂的日子。我充分享受勇氣所帶來的報償，重新找回自尊。而且我學到了一個我長久以來一直珍藏的真理——不要逃避現實，而要勇敢地面對它。我從一條汽車皮帶和一個明智的父親那裡學到了這個真理。

一個人應該如何保護自己呢？做出決定並據此加以行動。對大多數人來說，生活大部分時間都是循著常規前進的，但誰也無法預知什麼時候會發生緊急狀況，因此迅速採取行動，衡量可行的辦法，並選擇最好的一項付諸實施的習性，可能有一天會成為左右我們自己以及依靠我們的人的生死關鍵。艾爾．拜瑟普的生命裡就遇到過這種情況。拜瑟普家住在俄亥俄州春田市。拜瑟普夫婦帶著3歲的小女兒開車去度聖誕節時遇到了大風雪，高速公路上的車子被迫停了下來。他們想要掉頭，但是後面的道路也被風雪阻斷了。拜瑟普先生向我述說了這件往事。

我們憂心忡忡地等了一個多小時，黑夜逐漸降臨，天氣越來越冷，風一陣陣地將雪吹到我們的車子上，越積越高。我看看妻子和女兒，我知道如果我們想活命的話，就必須想個辦法出來。

我想起來我們曾在不遠處經過一幢農舍，如果我們能到達那裡就得救了。我抱起小女兒，開始穿越雪地，那是一段非常艱苦的路程。我陷入齊腰深的積雪裡，艱難跋涉。但是我們做到了！

接下去的24個小時，我們一直在農舍裡度過，那裡成了我們以及另外33個同樣受困於風雪中的人的避風港。如果我們陷入困境後不及時採取行動，都將會悲慘地死在冰冷的雪堆裡。

當行動的時機到來時，讓我們拋掉猶豫，振作起來，立即投入到行動中去，不要拖延時間，不要找任何藉口。

「三思而後行」和「投資之前先做調查」並不是要我們陷入猶豫不決中，而是警告我們不要採取不以事實為基礎的倉促行動。

可以想像，當醫生在沒有確診病症之前，便盲目對患者開膛破肚，這是一件多麼不堪設想的事。不錯，在這種例子中，行動是必要的，但行動的成敗基於先前的診斷。

我們來舉一個不那麼極端的例子。住在新墨西哥州阿布奎基的西奧圖．E．考斯太太，幾年前曾為維持她生病的母親家裡的開銷而傷透腦筋。原本給予她們經濟支援的叔叔打電話給考斯太太，問她能否節省開銷或削減兩位護士的薪水。對於考斯太太而言，這並不是一件很容易解決的事情。她答應叔叔說考慮一會兒後回電話給他。她很感激他為她母親所盡的心力，也很願意減輕他的負擔。下面我們看看考斯太太是如何做的。

我紙上思考最內行，因此我拿出一大本活頁紙，將母親的收入列出一張表來，包括她的有價證券收入和我叔叔給的錢，然後再列出她的一切支出。我發現母親的衣食支出很少，但有一幢每年用掉三四十噸煤、每個月煤氣費二三十美元、有11個房間的大房子，再加上兩個女護士、稅金、保險費等，費用非常龐大。顯然，這幢房子不得不放棄掉。

另外，母親的健康狀況越來越糟，我不知道移動她是否妥當。她一直想在那幢房子裡度過餘生。在這個問題上我顧慮太多，無法做出決定，因此我去請教一位醫生朋友。

他建議我去找離我家只有3分鐘路程的一家私人療養院的女主人。

這個女人仁慈、能幹，她答應照我預算之內的收費照顧我母親。於是我決定將母親送進她開的療養院。

對大家來說一切都進行得很順利。母親一直不知道她搬了家，以為她還住在自己家裡。我也可以天天去看她，而不必一個星期才去一次。她受到更好的照料，我叔叔的財務問題隨之迎刃而解。這個經驗告訴我，如果我將問題寫在紙上好好分析的話，通常都能自行解決問題。這是我此後經常使用的辦法。

很顯然，考斯太太之所以獲得成功，是因為她詳細地分析了事情的前因後果。如果考斯太太事前沒有對事實進行適當的整理分析就採取行動，她可能會嚴重危害到她母親的福利，而財務問題也不可能獲得解決。

毫無疑問，當經濟上出現了問題時，將一切事實列在紙上，讓它們清清楚楚地呈現在你眼前，將大有裨益。這世上誰沒有遭遇過金錢上的問題呢？

伊利諾州奧爾尼的傑克·吉姆夫婦也遭遇過同樣的問題。和許多新婚夫婦一樣，吉姆夫婦幾乎在蜜月還沒度完之前就有了苦惱——他們有了未付的帳單。當時正處於第二次世界大戰期間，傑克就要應召入伍了，而他們有一大堆的帳單要付。

經過幾天的折磨，我們認為擔憂毫無用處。因此，我們坐下來做一點清算的工作。清算的結果是：我幾乎欠鎮上每個商人的錢，雖然數目不大，但是絕對超出我入伍前能清償的範圍。因此我們決定告訴每一位債權人，我們打算每個月還一點錢給他們。

接下來我認為我將要進行我所做過的最艱難的一件工作。出乎我的意料，面對第一個商人，告訴他說我不久就要離開了，而且無法清償欠款。但是當我告訴他打算每個月還他一小筆錢時，他竟仁慈地接受了我的提議。我鬆了一口氣。接下去，商人一樣仁慈、體諒。後來，我的債務都一一清償完畢。戰後我回到家裡時，還有一個商人到我家去，感謝我這樣守信用。

許多人之所以夜夜失眠，終夜愁苦，他們儘可能拖延做決定的時刻；如果無法拖延，就惶恐地採取一些令人越陷越深的倉促行動。這是因為他們無法像傑克．吉姆那樣坐下來冷靜地面對問題，盡可能避免面對現實去分析問題，以致無法澈底了解處境。

第4章 平安快樂有祕訣

今天就是生命，是你唯一確實擁有的真正生命，充分運用今天吧！對某些事物激發點興趣吧！把你自己搖醒吧！培養一種好習慣，讓真正的熱忱擁抱你，你就能把今天活出趣味。

讀讀歷史吧，試著將你的眼光擴展到一千年以前。從永恆的角度來看，你將會發現，「你的」煩惱同歷史相比，是多麼不值得一提啊！

是什麼原因使洛克斐勒變成異常蒼老的模樣呢？煩惱、驚嚇、高度緊張的生活，正是他把自己推到墳墓的邊緣。好在他進行了調整，這個在53歲差點見上帝的人，後來竟然活到98歲。

一天當中，我總要將手中的工作停幾次，仔細檢討自己是否已經澈底放鬆了。現在，當電話鈴響時，我不再像以前那樣急著去接聽；有人對我講話時，我也會使自己輕鬆得像熟睡中的嬰兒一樣。

現在我的生活變得輕鬆愉快，就像欠債的人還清了債務一般，一身輕鬆。

事情總是向更好的方向發展

羅傑·巴伯森（經濟學家）

每當我發現自己的心情不愉快時，我都可以在一小時之內拋棄所有煩惱，使自己很快成為一個快樂、達觀的人。我是這樣做的：我閉上眼睛，走進書房，走到專放歷史類書籍的書架前，隨手取出一本書——我根本不知道我拿的是普里斯科特寫的《墨西哥征服史》，還是史東尼所著的《凱撒傳》。我隨手翻到一頁。然後，睜開眼睛，順著翻開的地方讀上一個小時。我越往下讀，就越能體會這個世界總是痛苦不斷，人類文明總是瀕臨毀滅的邊緣。歷史上充滿了悲劇故事：戰爭、饑荒、窮困、瘟疫，慘無人道。

透過這一個小時的閱讀，我就會明白，即使是目前這麼惡劣的情況，實際上也比以前強過百倍。這使我能夠正視我現在所遇到的困難，明白這個世界正在不斷地進步，朝著更好的方向發展。

這個方法有非常奇特的效果。讀讀歷史吧，試著將你的眼光擴展到一千年以前。從永恆的角度來看，你將會發現，「你的」煩惱同歷史相比，是多麼不值得一提啊！

不妨接受不可避免的命運

R・V・勃德萊

1918年，我離開熟悉的、溫暖的家園，前往非洲西北部，和阿拉伯人一起住進撒哈拉這個「阿拉的樂園」。我在那裡住了7年，掌握了那些游牧民族的語言。我穿著他們的服裝，吃著他們的食物，按照他們的方式生活。我像一個牧羊者，睡在阿拉伯人的帳篷裡。同時我還研究了他們的宗教，並寫成了一本名叫《先知》的書，向歐洲人介紹穆罕默德。

在撒哈拉住帳篷的那7年，是我這一生中最安詳、最滿足的一段時間。

我有過豐富的閱歷、多姿多彩的生活。我的父母是英國人，而我卻出生在巴黎，在法國待過9年。後來，我在英國著名的伊頓學院和皇家軍事學院畢業。然後，我以英國陸軍軍官的身分在印度待過6年，我在當地打馬球、打獵，並到喜馬拉雅山探險。我參加過第一次世界大戰，戰爭結束時，我被選派參加巴黎和會，當了一名助理軍事武官。在巴黎的所見所聞，令我深感震驚和失望。我在西方前線的4年戰爭中，深信我們是為了維護人類文明而戰。可是在巴黎和會上，我卻親眼看見了自私自利的政客們的醜惡嘴臉，是他們為第二次世界大戰埋下了導火線——每個國家都在為自己爭奪土地，在各個國家之間製造仇恨，並再度掀起祕密外交的各種陰謀活動。

我對這個世界充滿了失望。我開始厭倦戰爭，厭倦軍隊，並厭倦這個社會。我生命中第一次難以在夜晚入睡，我開始對自己從事的職業感到煩惱。好友利弗．喬治建議我從政當官，我考慮接受他的勸告，可是這時候發生了一件奇怪的事，它改變了我後來7年的人生道路。這件事發生在一次不到4分鐘的談話中。這次的談話對象是「泰德」勞倫斯，亦即第一次世界大戰中最富浪漫色彩的「阿拉伯的勞倫斯」。他曾同阿拉伯人一起住在沙漠裡，他還建議我也這麼做。開始，我對這個建議嗤之以鼻。但是，因我已經決定離開軍隊，所以必須再找一份工作。私人老闆可不希望僱用像我這種從正規軍隊退伍的軍官——尤其當時求職的人多如牛毛。所以我聽了勞倫斯的建議，和阿拉伯人住在一起。後來，我發現我的選擇是非常明智的。因為在大沙漠，阿拉伯人教會了我如何克服憂慮。他們相信穆罕默德在《古蘭經》上所寫的每一句話都是阿拉的聖言。因此，當《古蘭經》上說「上帝創造了你，以及你所有的行為」時，他們也就完完全全地接受下來。這也正是他們能夠安詳地生活，當事情出了差錯時也不發雷霆怒火的原因。他們知道，早已注定好的事情，除了上帝，沒有人能夠改變它。不過，這並不是說他們在面臨災難時不知道怎樣應變。為了使你相信他們的智慧，我想把我住在撒哈拉經歷的炙熱暴風告訴大家。那場暴風連著刮了三天三夜，風熱強勁而猛烈，甚至把撒哈拉的沙子吹到了法國的隆河河谷。我覺得我的頭髮似乎全被燒焦了，喉嚨又乾又痛，眼睛熱得發痛，嘴裡全都是沙子。我覺得自己好像站在玻璃廠的熔爐前，被折磨得幾近瘋狂，但還勉強保持著清醒。但這些阿拉伯人並不抱怨，他們只是莊嚴鎮靜地呼喚「阿拉」。熱風暴之後，他們立即宰殺所有的小羊羔，因為他們知道那些小羊根本不能活下去了，況且殺死小羊還可以挽救母羊。在殺死小羊之後，他們就把羊群趕到南方喝水。所有這一切都是在十分冷靜的狀態下完成的。他們對於自己的損失沒有任何憂慮、抱怨或哀傷。一位部落酋長說：「這還算不錯的。我們本來也許會損失擁有的一切，但是感謝上帝，我們還留下了40%的羊群。一切可以從頭開始。」

還有一件事也為我留下了深刻印象。有一次我們乘車橫越大沙漠時，有一個汽車輪胎爆裂，司機又忘了帶備用胎，所以我們的汽車只剩下3顆輪胎。我又急又怒，煩躁不已，問那些阿拉伯人該怎麼辦。他們對我說，事已至此，急怒傷肝，不如順其自然。他們還說，車胎爆裂是上帝的意思，別無辦法可想。於是，我們就靠3顆輪胎又開始往前走，沒過多久，車又停了下來——原來汽油也燒完了。但酋長只說了一聲：「麥克托伯！」他們並沒有因司機所帶汽油不足而向他大聲怒吼，反而保持冷靜。後來，我們只好徒步到達目的地，一路上高歌猛進，士氣高昂。

在和阿拉伯人相處的日子裡，我漸漸明白了一件事：在美國和歐洲的精神錯亂、瘋狂和酗酒，都是那種環境——煩擾的文明生活——造成的。只要我住在撒哈拉，就不會有煩惱。我在這個阿拉的樂園裡找到了心理上的滿足和肉體上的健康，而這正是我們大多數人在努力尋找卻難以找到的東西。

現代科學的發展，使人們對「宿命論」產生了懷疑，也許他們是對的，可是又有誰知道呢？也許，我們大家可以從許多事情上看得出來，我們的命運是早已注定了的。例如，如果我不在1919年8月一個悶熱的下午和「阿拉伯的勞倫斯」交談3分鐘，那麼我以後的人生道路也許將完全不同。現在回顧過去，發現我的生活一直受到許多我無法控制的事情的影響。阿拉伯人認為，這就是「吉斯米特」——阿拉——的意旨。你可以按照你的方法來稱呼它。它對你的確存在奇異的影響。我只知道，在我離開撒哈拉17年後的今天，我依然保持著從阿拉伯人那裡學來的生活樂趣，愉快地接受那些不可避免的事情。這種人生哲理，可以說比服用上千支鎮靜劑還能安撫我的緊張和不安。

信不信仰「宿命論」都無關緊要，但當猛烈而酷熱的狂風吹進我們的生活，而我們又無法躲避時，那麼我們不妨接受這種不可避免的命運，然後再想對策解決。

一句經文救了我

喬瑟夫．希瑞博士（布魯恩斯威克神學院院長）

在我發現這句話之前，我的生活盲目而迷惘，我無法左右我的生活，可以說是渾渾噩噩。在那個改變我一生的早晨，我偶然地打開了《聖經新約》，發現了那句經文：「他派我來，亦和我在一起——天父並未將我遺忘。」

從那以後，我的生活即全面改觀，對我來說所有的事物皆和以前不同，我從它那裡獲得了精神和力量。我想我每天都重複使用這句話。在這幾年當中，許多人前來向我請教，我就送給他們這句經文。

自第一次看到這句經文以後，我就發現它是宗教的根本，它使我的生活變得更加有意義，它成為我生活上的金科玉律。

克服最痛苦的挑戰

泰德・埃里克森

以前，我常常無緣無故地煩惱不已。不過，現在情況已經完全不同了。1942年夏天的一次經歷，使我的憂愁煩惱全部消失，但願永遠如此。

多年以來，我一直有一個願望，希望能在阿拉斯加的一艘漁船上工作一段時間。

1942年夏天，我如願以償地開始在阿拉斯加科迪亞克的一艘32英尺長的鮭魚拖網漁船上工作。這艘船上只有3名船員：船長負責督導，另外一個副手協助船長，剩下那一個則是日常打雜的水手。日常打雜的通常都是北歐人，而我正是那個北歐人。

由於鮭魚拖網必須配合潮汐進行，因此我經常連續工作24個小時。有一次，我整整如此工作了一個星期。

我的主要工作是「拉網」。我只要站在船尾上，把漁網的浮標和邊線拉上來即可。這看起來很簡單，實際上漁網很重，當你想把它拉上來時，它卻動也不動。我想把漁網拉上來，卻把船本身拉下去了。由於拉不動漁網，我只好用盡力全力，沿路拖著不放。我這樣做了好幾個星期，幾乎把我累死了。我渾身痛得厲害，而且連續幾個月都沒有恢復。

後來，當我終於有時間休息時，我在一個臨時湊成的櫃子上鋪下潮溼粗劣的被褥，然後倒頭就睡。我渾身上下無處不痛，但我卻熟睡得像服用了安眠藥——極度的勞累就是我的安眠藥。

現在回想起來，我很高興我吃過那些苦頭，後來這些卻成了我的精神財富，因為它們使我不再煩惱。現在，一旦遭遇了困難，我就會反問自己：「埃里克森，還有什麼會比拖網更辛苦的呢？」我總是回答說：「不，沒有什麼事情比它更苦！」於是我又振作起來，勇敢地接受挑戰。

我認為，痛苦的經驗是件好事。我很高興自己做過世界上最辛苦的工作，它使我所有的日常問題在此比較之下，全變得不足掛齒。

打破憂慮的妙招

歐德威・泰德

憂慮是一種習慣，而我在許久之前就打破了這種習慣。我之所以能革除這種習慣，我相信應歸功於以下3件事。

第一，我太忙了，根本沒有時間焦慮。我從事3項主要的工作，每一項工作都是全職。我在哥倫比亞大學向團體演講，我也是紐約市高等教育委員會的主席，我還擔任哈伯出版公司經濟社會書籍部門負責人。這3項工作讓我沒有餘暇去煩惱。

第二，我對一切事情都很放得開。當我由一個工作換到另一項角色時，我把剛才的問題完全拋諸腦後。這樣才能令我神清氣爽地面對下一個工作，保持頭腦清楚。

第三，當我離開辦公室時，我會提醒自己不要把煩惱帶出去。它們是持續不斷的，總會有一些有待解決的問題等我去傷腦筋。如果我每天把這些問題帶回家，並為它們煩惱不止的話，我就是在摧毀自己的健康，同時，也是在摧毀我適應這些問題的能力。

睡好每一個晚上

「石油大亨」約翰·D·洛克斐勒在33歲就成了百萬富翁。43歲時，他建立了世界上前所未有的最大的壟斷企業——規模龐大的「標準石油公司」。但是當他到了53歲時，他的健康狀況卻遭到嚴重破壞，各種煩惱和高度緊張的生活幾乎使他臥床不起。這時，他「看起來就像個木乃伊」，這是為他寫傳記的作家約翰·溫克勒透露的。

當時，洛克斐勒患了一種怪病，不僅頭髮全部掉光了，甚至連眼睫毛也掉得一根不剩，整個臉上只有一綹淡淡的眉毛，看上去就像一個可笑的小丑。

溫克勒說：「他的情況十分嚴重。有一段時間，他被迫靠喝人奶維持生存。」根據醫生們的說法，他的病屬於「脫毛症」，這種病通常是由於過度緊張造成的。這時，他的頭部光禿禿的，模樣很是古怪，這使他不得不戴上帽子。後來，他為自己訂製了一些假髮，每頂假髮五百美元。從此他就一直戴著這些假髮度日。

洛克斐勒從小在農場長大，他的肩膀又寬又壯，腰桿筆直，以前的他身體十分強健，步伐穩健而有力。可是在53歲的時候——這正是大多數男人的壯年時期——洛克斐勒的雙肩卻已經下垂，走起路來就像一個80歲的老頭。

作家佛林在為他寫的傳記中寫道：「當他照鏡子時，看見的卻是個老頭。沒完沒了的工作、無窮無盡的煩惱、長期的不良生活習慣、經常失眠，以及缺乏運動和休息，奪走了他的健康，使他挺不起腰來。」

雖然他當時已成為世界上最富有的人，但他只能吃些連窮鬼都不屑一顧的食物。當時他每週的收入是一百萬美元，而他每週所吃的食物只需2美元就可解決了。因為醫生只允許他吃一些優酪乳和餅乾。他的皮膚早已失去光澤，看起來像是老羊皮包在他的骨頭上。而金錢這時候也只能為他付醫療費用，使他不至於在53歲的時候就死去。億萬家財差一點不能換回他的健康。

是什麼原因使他變成這般模樣呢？煩惱、驚嚇、高度緊張的生活，正是他把自己推到了墳墓的邊緣。

早在23歲的時候，洛克斐勒就開始全身心地追求他的目標。他的朋友說：「除生意上的好消息外，沒有任何事情能令他開懷大笑。當他做成一筆生意、賺到一大筆錢時，他會高興得把帽子摔到地上，開心地跳起舞來；但如果失敗了，他就會隨之病倒。」

有一次，洛克斐勒在五大湖上拖運一批價值4萬美元的穀物，但他為了節省保險費用，沒有投保水上險。因為保險費太高了，要150美元。那天晚上，暴風雨襲擊了伊利湖，這使洛克斐勒十分擔心，怕他的貨物遭遇不測。在第二天早上，當他的合夥人喬治·加勒來到辦公室時，發現洛克斐勒已在那裡，正繞著房間焦急萬分地來回走動。

他發抖地說：「你快去看看現在是否還能投保險，如果不能的話，就來不及了。」

加勒立即衝到城裡，買好保險，當他回到辦公室時，發現洛克斐勒已經病倒了。這時，恰好來了一封電報，說貨物已經卸下，未受到暴風雨襲擊。但洛克斐勒反而更沮喪了，因為他已經浪費了150美元！他太傷心了，只好回家去臥床休息。

當時他的公司每年做著50多萬美元的生意，而他卻為150美元的保險費而如此失魂落魄，甚至病倒在床上。在洛克斐勒的日程表上沒有遊玩的時間，也沒有時間休息，除了賺錢和教堂生活之外，他的其他時間都被工作占據了。當洛克斐勒的合夥人加勒和其他3個朋友花了二千美元買下一艘二手遊艇時，洛克斐勒幾乎心痛壞了，他拒絕搭乘那艘遊艇出航。在一個星期六的下午，加勒發現洛克斐勒還在辦公室工作，就對他說：「走吧，約翰，我們乘船出去玩玩吧！暫時忘掉工作，輕鬆一下。」但洛克斐勒卻一點也不領情。他冷冷地說：「喬治．加勒，你是世界上最浪費的人，你現在正在破壞你在銀行的信用，這也是我的信用。將來你會把我們的生意毀掉。不行，我可不能乘你的遊艇，我永遠也不願見到它。」於是，他整個星期六下午都留在辦公室工作，使加勒討了個沒趣。洛克斐勒的一生都缺乏幽默感和安全感，他在事業成功之後說：「每一天晚上，我一定會先提醒自己，我的成功也許只是暫時性的！然後才躺下來睡覺。」此時，他的公司已有幾百萬美元的資產，但他天天擔心會失去一切財富。怪不得這些憂慮會拖垮他的身體。他沒有時間遊玩或娛樂，也從未進過戲院，從沒打過紙牌，從未參加過宴會。這正如馬克．漢納所說的：「他在別的事情上都很正常，唯獨為金錢瘋狂。」其實，洛克斐勒的內心非常孤獨。他在俄亥俄州克里夫蘭市向一位鄰居承認，說「希望有人愛我」。但是他那過分冷漠多疑的性格，使很多人都不喜歡他。有一次摩根大發怨言，說不願意和他打交道。「我不喜歡那種人，」他一臉不屑地說，「我不願再和他有任何往來。」洛克斐勒的自私性格使他的親弟弟對他也深惡痛絕。他弟弟甚至把自己孩子的棺木從家族的祖墳中移走，他說：「在我的親骨肉之中，不允許任何一個人在約翰．D．洛克斐勒所控制的土地上安息。」

洛克斐勒的職員和同事對他也是敬而遠之。但令人好笑的是，他竟然也怕他們——怕他們在辦公室以外隨意說話，「泄露公司的祕密」。他對人類天性沒有任何信心。有一次，他和一位獨立製造商簽訂了10年合作協議，但他要那位商人保證不告訴任何人，甚至連他的妻子也不能說。「閉緊你的嘴巴，努力工作。」這就是他的座右銘。

後來當他的事業達到頂峰，他的財富像維蘇威火山的金黃色岩漿那樣源源不斷地流入他的保險庫時，他的私人世界卻在頃刻之間崩潰了。許多書刊和文章都公開譴責「標準石油公司」不擇手段攫取財富的財閥行為——因為它和鐵路公司之間的祕密回扣，無情地擊垮了所有競爭者。

洛克斐勒的所作所為，使賓夕法尼亞州的居民對他痛恨到了極點。被他擊敗的競爭對手甚至把他的人像掛在樹上解恨——他們當中有許多人都恨不得親手將繩子套在他那萎縮的脖子上，並將他吊死在樹上。充滿火藥味的信件也如雪花般地飛進他的辦公室，威脅說要取走他的性命。洛克斐勒因此僱用了許多保鏢，以防止遭對手殺害。他試圖忽視這些仇恨之火，他曾以諷刺的口吻說：「你們儘管踢我、罵我，但我還是按我自己的方式行事。」

儘管如此，他畢竟也是一個普通人，無法忍受人們對他的仇恨和敵視，也受不了憂慮的侵擾。他的身體開始不行了。這個新的敵人——疾痛——從內部向他發起進攻，令他措手不及，悍恐不安。

剛開始，他試圖對自己偶爾的不舒適保守祕密。但是，失眠、消化不良、掉頭髮，這些全身煩惱和精神崩潰的肉體上的病徵卻是無法遮掩的。最後，醫生只好將驚人的實情坦白地告訴他，說他只有兩種選擇：他的財富和煩惱，或是性命。他們警告他，他必須在退休和死亡之間做出抉擇。這個冷酷的「金錢至上」主義者向死亡屈服了，他選擇了退休。在退休之前，煩惱、貪婪、恐懼已經澈底破壞了他的健康。美國最著名的傳記女作家伊達．塔貝看見他的時候，幾乎嚇壞了。她寫道：「他的臉上顯示的是可怕的蒼老，我從未見過像他那樣蒼老的人。」女作家幾乎不敢相信自己的眼睛，洛克斐勒可比當時重新收回菲律賓的麥克阿瑟將軍還要年輕幾歲呀！但他的身體已如此衰弱，他的億萬家產為何不能保護他的身體呢？伊達．塔貝為他深感悲哀。她當時正在撰寫她那本有名的著作，揭發「標準石油公司」的罪惡。她當然不會喜歡這個一手建造了這個龐大組織的人。但是，她又說，當她看見洛克斐勒在主日學校教書，焦急地搜尋他四周的面孔時，「我有一種前所未有的感覺。這種感覺與日俱增。我真為他擔心。我知道，一個人沒有知心的夥伴是一件很悲哀的事。」醫生們開始挽救洛克斐勒的性命，他們為他制定了3條規則，這成為他後來奉行不渝的戒律。第一，避免煩惱。在任何情況下，都不為任何事而煩惱。第二，放鬆心情，多做適當的戶外運動。第三，注意節食，隨時保持半飢餓狀態。洛克斐勒嚴格遵守這3條規則，才挽救了自己的生命。他從自己的事業上退了下來，學打高爾夫球，修整庭院，和鄰居們在一起聊天。他還出去打牌、唱歌，或進行其他一些娛樂活動。溫克勒告訴我們說：「在那段痛苦的日子和失眠的夜晚，洛克斐勒終於有時間進行自我反省。」他開始為別人著想，並停止去想還能賺多少錢，而且還開始思考如何用這些錢換取人類的幸福。說明白點，洛克斐勒現在開始考慮的是如何把數百萬美元的財富捐贈出去。誰知道捐錢有時候也不容易。例如，當他有一次準備為一座教堂捐款時，全國各地的傳教士一致發出反對的怒吼——「腐敗的金錢！」

洛克斐勒沒有理會這些反對之聲，而是繼續捐獻。當他獲知密西根湖岸的一家學院因為抵押權而被迫關閉時，他立刻做出了援助行動，捐出好幾百萬美元給這家學院，將它建設成後來舉世聞名的芝加哥大學。

洛克斐勒還對黑人進行捐助。例如，塔斯基吉黑人大學需要一筆基金來實現黑人教育家華盛頓．卡弗的志願，洛克斐勒二話不說，就捐出巨款。他還出資協助消滅十二指腸蟲。著名的十二指腸蟲專家史泰爾博士說：「只要價值50美元的藥品，就可以為一個人治好這種病。可是又有誰會捐出這些錢呢？」洛克斐勒立即捐了出來。

洛克斐勒捐出數百萬美元消除了十二指腸蟲，解除了曾經使美國南方陷於癱瘓的這種疾病後，他又採取了更進一步的行動。他成立了一個龐大的國際性基金會「洛克斐勒基金會」，這個組織主要致力於消滅世界各地的疾病、文盲及落後。

洛克斐勒創建基金會，在美國歷史上尚無先例，當時在全世界也絕無僅有。洛克斐勒深知世界各地有許多有識之士，他們正在做各種有意義的活動：各式各樣的科學研究，一所所學校的建立，醫生的醫學實驗。但是，這些高尚的工作卻經常因為經費短缺而宣告結束。他決定幫助這些人道主義的開拓者，但並不是「將他們接收過來，而是資助他們一筆錢，幫助他們完成工作」。

洛克斐勒基金會為人類做了許多好事，在這個基金會的資助下，人類發現了青黴素和其他多種新事物。它的資助還使一代又一代的孩子不再因患上「脊髓性腦膜炎」而死亡。此外，它還使我們克服了瘧疾、肺結核、流行性感冒、白喉和目前仍在危害世界各地的其他疾病。

洛克斐勒把錢捐出去之後，是否已獲得了心靈上的平安？不錯，他最後終於感到滿足了。「如果人們仍然認為他在1900年以來因為人們對『標準石油公司』的攻擊而一蹶不振的話，那他們就錯了，」亞倫·尼文斯說，「那他們可就大錯特錯了」。

洛克斐勒十分快樂。他已經完全改變了，不再煩惱傷心。事實上，在他被迫接受生命中最大的一次失敗時，他甚至不願因此而失去一個晚上的安穩睡眠。

那次失敗是由他一手創建的「標準石油公司」這個龐大組織被政府勒令付出歷史上最重的罰款。根據美國政府的說法：「標準石油公司」是一個壟斷性企業，直接違反了「競爭法」。結果這場官司打了5年。全美國最優秀的法律人才全都投入到了這場在他們看來似乎永無終止的官司上，但「標準石油公司」最後還是以敗訴告終。

在南迪斯法官宣布了他的判決之後，辯方律師擔心洛克斐勒無法接受這個壞消息，但他們卻不知道此時的洛克斐勒已不是以前的洛克斐勒了。

那天晚上，律師團中的一位律師打電話給洛克斐勒。他盡量委婉地把法官的判決告訴他，然後這位律師很關切地問：「洛克斐勒先生，我希望這項判絕不至於讓你煩惱。希望你今晚能好好睡上一覺。」

洛克斐勒毫不遲疑地回答：「不要擔心，瓊森先生。我本來就想好好睡它一覺。希望你也不要因為這件事而不安。晚安！」

你也許不會相信，這些話竟出自一個曾因損失了150美元而傷心地躺倒在床上的人之口。其實，這些話的確是他說的。約翰·D·洛克斐勒花了很長一段時間，才克服了他的煩惱。為此，這個在53歲就差點見了上帝的人，後來竟然活到了98歲。

從慘痛經歷中獲取教訓

B·R·W

不能用真名實姓來發表這篇文章，我頗為苦惱。但由於這件事牽涉的私人部分太多，所以我不可能使用真名。不管怎樣，本書作者卡內基先生可以為這篇文章的真實性作證。我第一次把我的故事告訴他，距今已有12年了。

我從大學畢業後，在一家大企業機構找到了一份工作。5年後，這家公司派我到太平洋彼岸的遠東地區，擔任公司代表。在離開美國的前一個星期，我娶了我心目中最可愛最溫柔的女孩為妻。但對於我倆來說——尤其是她——我們的蜜月旅行卻充滿了失望和悲傷。當我們抵達夏威夷時，她失望到了極點。若不是因為她羞於面對老朋友並承認婚姻生活的失敗，她可能早就離我而去了。

我們勉強在遠東一起度過了兩年——那樣的生活用不愉快恐怕不能形容其十分之一。我十分痛苦，好幾次都想自殺。後來有一天，我偶然發現了一本書，使整個情況完全改變。

我的最大嗜好就是讀書。有天晚上，我去拜訪遠東的某些美國友人，在瀏覽他們那間藏書豐富的圖書室時，偶然看見一本書，書名為《理想婚姻》，作者是韋爾迪博士。從書名看，這像是一本喜歡說教的假道學論文報告。但由於好奇心驅使，我將它打開，發現裡面所討論的幾乎都是婚姻生活中有關「性」的一面，開誠布公、毫無保留地討論，但卻毫無任何粗俗之談。在此之前，如果有個人告訴我應該去閱讀「性」方面的書籍，我會認為那是對我的一大侮辱。看那種書？我覺得我甚至可以寫一本那方面的書。但不管如何，由於我自己的婚姻極其失敗，我決心要把這本書好好看一遍。所以我鼓起勇氣向朋友借來了那本書。我現在可以說，閱讀那本書是我一生中最重要的一件大事。後來，我妻子也讀了那本書。那本書使一個瀕於破裂的婚姻變得既快樂又幸福。如果我有１００萬美元，我會不惜巨資將那本書的版權買下，然後印它數百萬冊，免費送給所有的夫婦。著名的心理學家華生博士說：「『性』，無疑是生命中最重要的一件事。不可否認的，促使絕大多數男女婚姻生活觸礁的，也正是這件事。」假若華生博士說的話很有道理，那麼，我們就不應該每年還允許千百萬性無知的年輕人結婚，從而破壞無數個本應美滿幸福的家庭。如果我們希望知道婚姻生活的毛病，我們就該閱讀一本名為《婚姻的毛病何在》的書，它是由漢米爾頓博士和麥克高文博士合寫的。漢米爾頓博士花了４年的時間去調查婚姻生活的毛病究竟在哪裡，然後寫下了這本書。他說：「婚姻生活的不美滿，絕大部分皆可歸咎於性生活的不調和。只有最差勁的精神病學家才會否認這種說法。從任何觀點來看，如果性關係本身已獲得滿足，則另外許多婚姻生活上的矛盾都好解決。」我知道漢米爾頓博士這句話無可批駁，因為我是從自己慘痛的經歷中得到這個教訓的。

緊張就等於慢性自殺

保羅．辛普森

在半年以前，我一直過著緊張而忙碌的生活，頭腦裡從來沒有片刻的鬆弛。我每天晚上下班回到家時，總是精神萎靡，憂心忡忡，精疲力竭。這是為什麼呢？因為從來沒有人對我說：「保羅，你正在慢性自殺。你為什麼不慢慢來？你為什麼不讓自己放鬆一下？」

每天天剛破曉，我就急急忙忙地起床，匆匆忙忙地吃早餐，匆匆忙忙地刮臉，匆匆忙忙地穿衣服，然後又匆匆忙忙地開車上班。在路上，我緊緊地握住方向盤，好像它隨時會飛出窗外一樣。到公司後，我立即投入到緊張而忙碌的工作中。下班了又匆匆忙忙地趕回家。到了晚上，我甚至想匆匆忙忙地入睡。

這種快節奏的生活頻率把我搞得身心俱疲，因此，我決定去底特律找一位非常有名的精神科專家。他建議我放鬆緊張的生活節奏，還建議我隨時都要想到放鬆——也就是在工作、開車、吃飯、入睡之前，都要想到讓自己放鬆一下。他說，如果你不再放鬆自己，無異於慢性自殺。

自此，我才知道我是自身的螺旋轉得太快了。我開始練習如何使自己放鬆。我每天晚上上床睡覺時，並不急著入睡，而是先使自己的身體徹底放鬆，呼吸也趨向平穩。現在，我每天早上醒來都感覺得到了充分的休息。這對我來說是一大進步，因為我以前每天早上醒來時總覺得又累又緊張。而現在，我開車、吃飯時，心情也輕鬆愉快多了。為了安全，我駕車時提高了注意力，但是也不緊張了。

值得一提的是，我在上班時也能夠讓自己放鬆下來。一天當中，我總要將手中的工作停幾次，仔細檢討自己是否已經澈底放鬆了。現在，當電話鈴響時，我不再像以前那樣急著去接聽；有人對我講話時，我也會使自己輕鬆得像熟睡中的嬰兒一樣。

現在我的生活變得輕鬆愉快，就像欠債的人還清了債務一般，一身輕鬆。

正負煩惱應該相互抵消

班傑明・富蘭克林

倫敦，1772年9月17日親愛的先生：

由於你所問的問題對你十分重要，因此在沒有充分準備的情況下，我不敢貿然告訴你一定要「怎麼」去做，但我可以告訴你「如何」去解決問題。

我們之所以不知如何解決，以至於焦急煩躁，就是因為造成這些問題的「正」、「反」兩方面的原因，並未同時出現在我們的頭腦中。有時只有部分原因自動出現，有時候另一個原因出現了，而前一個卻又不見蹤影，因此我們的思考就無法周詳，各種困惑、煩惱同時出現，令我們十分為難。

要想克服這些困難，我的方法是：拿一張白紙，在中間畫一條直線，將紙分成兩欄，一邊寫上「正」，另一邊寫上「反」；然後，在兩天的考慮期間，我分別把隨時想到的原因簡短地寫在各欄內，看它是「贊成」還是「反對」。

當我把它們全部寫下來之後，我開始估計每個原因的分量。如果我發現某兩個（每邊一個）的分量似乎相同，我就把它們劃掉。如果發現某個「正」因素相等於兩個「負」的因素，那就把它們3個一起劃掉。如果我發現兩個「負」因素等於3個「正」因素，我就把它們5個全部劃掉。按照這種方式，最後必能找到事情的問題所在。而如果在經過一兩天更進一步的考慮之後，兩方面都沒有重要的原因出現，那我自然就可以得出結論了。這樣做的好處之一是，原先那些個別分量很難掂量的原因，經過這樣分欄對比，整個問題的正反前後情況全部呈現在眼前，自然可以作更好的判斷，而不至於採取輕率的步驟了。誠懇希望你能做出最佳的決定。祝福你，親愛的朋友。

每天早晨都為當天尋找綠燈

約瑟夫．柯特　推銷員

我從小就有很多的煩惱，長大成人後依然沒有改變。我的煩惱太多了，而且千奇百怪。這其中有些是真煩惱，但大部分卻是胡思亂想。我幾乎沒有什麼事不會煩惱的，從那時起，我就開始懷疑我是否遺漏了什麼東西。

兩年前，我開始了新的生活方式。這種生活方式要求我對自己的過錯以及還有極少數的美德作自我分析，對我自己進行全面澈底的了解。這樣一來，我就把所有煩惱的原因查明了。

原來，我的頭腦裡充斥著這樣一些觀念：我並不只是為今天而活著，我應為昨天的錯誤而後悔，又對將來心存恐懼。不斷地有人這樣告誡我：「今天就是你昨天所憂慮的明天。」但這句話我一點也聽不進去。

還有人建議我，盡量讓自己忙碌起來，這樣我就沒有時間去煩惱了。這些說法儘管很有道理，但我發現很難把它們用到我身上。

有一天，我像從黑暗中突然衝出來一般，終於找到了答案。你知道我是在哪裡找到的嗎？那是在1945年5月31日晚上7點，在西北鐵路公司的一個站台上。對於我來說，那是我一生中最重要的時刻，因此我一直記憶猶新。那一天，我和太太一起送朋友上火車。他們剛度完假，準備搭乘「洛杉磯市」號快車離開。當時戰爭還沒有結束，車站上人潮洶湧。我沒有和太太走在一起，而是沿著軌道向火車頭走去。我站在那裡觀看那閃著亮光的巨大引擎，然後把眼光移向鐵道的前方，發現了一座巨大的信號燈台，當時正好顯示的是黃燈。突然，黃燈變成了綠色。這時，火車鳴起了汽笛，只聽站務人員高喊一聲「全部上車」，接著，在幾秒鐘之內，那巨大的列車開始駛出車站，開始了它長達兩千三百英里的旅程。我的大腦開始飛速旋轉——火車的遠行似乎要向我證明什麼。這時，我經歷了一次奇蹟，突然感覺豁然開朗——原來那位火車司機已經為我提供了我一直都在找尋的答案。他只看見一盞綠燈，就開始了漫長的旅程。但若換了是我，我會希望整段旅程全都是綠燈。當然，這是不可能的，但是我對生活的期望卻正是那樣——坐在人生的車站裡，結果哪裡也去不了。因為我一直嚮往的是那種表明幸福的前程，而這種前景似乎永遠也不會出現，所以我一直都在煩惱。我的大腦中思緒如潮：那位火車司機並沒有為前面旅程中可能遇到的麻煩而憂愁。火車可能會出現延誤、故障，但不正是因為有這些事情，人們才採用了信號燈系統嗎？黃燈——減速，慢行；紅燈——前頭危險，停車。這一套制度可以保證火車安全行駛，因此是一種很好的系統。我捫心自問，我為何不能為自己的生活制定一套良好的信號燈系統呢？其實這套系統我本來就有。這是上帝賜給我的，由他進行操縱，因此我應該能步步安全。我開始找尋人生的綠燈。我想我是找到了。現在，我每天早晨都要為當天求得綠燈。

有時我也會遇到黃燈，那麼我會慢下來，輕鬆一下。有時，我會遇到紅燈，那我會立即停止，以免造成崩潰。

這個奧祕的發現，使我不再有煩惱。在這兩年之內，我遇到了大約七百多盞綠燈，使我不必煩惱下一盞燈是什麼顏色，我的人生之旅也更為輕鬆愉快。

精神輕鬆愉快以後，不管前面的信號燈是什麼顏色，我都沒有以前那種驚慌失措的感覺了。

用心靈去思考問題

亞登．夏普

5年以前，我由於心情憂慮沮喪，經常患病。醫生說我得了胃潰瘍，建議我節制飲食：只喝牛奶，吃雞蛋，直到病情好轉。可是我照醫生說的做了，病情卻沒有好轉的跡象。接著，我讀到了一篇介紹癌症的文章，我覺得上面介紹的癌症的各種症狀我似乎都有。這回我不再煩惱了，因為我完全被嚇壞了。我的胃潰瘍開始劇烈發作。此後的打擊接連不斷，陸軍拒絕我入伍，認為我體檢不符合要求，而我當時才只有25歲。在我本應該最強壯的時候，身體卻是千瘡百孔，萬分虛弱。我感覺自己走到了山窮水盡的地步，前途一片黑暗。絕望中，我開始試圖分析我是如何使自己陷入這種可怕境地的。慢慢地，所有事實一件件地展現在我眼前。

我原來是一名業務，心情一直很快樂，身體也非常健康，但自從兩年前戰時物資開始匱乏，我不得不放棄銷售工作，轉到一家工廠工作。此後，我的心情就發生了變化，我看不起目前這份工作。更不幸的是我的那些同事是世界上最消極的人，他們對所有的事情都不滿意，認為每件事情都不對頭。他們經常咒罵工作、薪水、工作時間、老闆等。我認為自己也在不知不覺間學到了他們這種報復性的心態。經過思考，我逐漸明白，我的胃潰瘍可能就是自己的消極想法和頹廢情緒導致的。因此，我決定回到我所喜愛的工作中去，重新當一名業務，和那些具有積極想法及建設性思想的人一同工作。

我離開工廠，回到了原來的職位。這個決定拯救了我的生命。我又遇見了那些積極向上的朋友及同事——他們是一些快樂、樂觀，不為煩惱及潰瘍所苦的人。在我改變了自己的情緒之後，我的胃病也隨之減輕了，有時我幾乎忘了我曾患有胃潰瘍。我很快就發現，從別人身上得到健康、快樂和成功是十分容易的，這就如同你很容易從他人身上得到煩惱、痛苦和失敗一樣。

人生給我的這次教訓十分慘痛。其實我早就應該學會這些教訓的。我曾多次聽過或讀過它，但我卻以一種痛苦的方式對它有了透澈的體會。

經過這次痛苦體驗，我才對耶穌基督的一句話有了深刻的認識：「只有用心靈思考的人，才能獲得成功。」

培養心平氣和的心態

在一次聚會上，我與友人談到「如何安靜地入睡」。這個話題不僅引起了大家的興趣，同時每個人也都講出了有價值的觀點。其中有一人抱怨自己難以入眠的痛苦，他表示，整晚都會輾轉反側，以致入睡時已全身疲憊不堪。「看來，上床就寢前不宜看電視或看報紙……」他最後說，「昨晚我不停地翻身難以入睡，其實是因為傷腦筋的事不斷地縈繞在腦中。」

說到這裡，另一個朋友說：「上床前不宜看電視或報紙。這句話對我而言實在是警惕的話。我昨晚也同樣苦苦地熬過一個失眠的夜晚……或許，睡前喝咖啡也是造成失眠的原因。」

一個觀點，有人贊同，有人反對。另一個人卻截然不同地說：「昨天晚上我睡得不錯。我提前看看書報、電視，讓自己的頭腦輕鬆一下。我不想一些令人頭腦發脹的問題，這樣晚上睡得既安穩又香甜。我幾乎從未有過失眠的紀錄，因為我有一項不敗的睡眠計畫。」

我不禁好奇地詢問他所謂的「睡眠計畫」是什麼。於是他繼續解釋道：「在我年幼的時候，父親總習慣在臨睡前把家人聚集在一個房間裡，然後誦讀《聖經》中的話給我們聽。直到現在，當時那種情景依然清晰如在眼前。因此，每當臨睡時，耳邊就響起父親讀《聖經》的聲音。每晚當我讀完一段《聖經》，並做完禱告之後，再上床就寢，往往能夠立刻安穩入睡。」他接著強調說：「我不會在頭腦裡填塞煩惱再上床睡覺的。我經常會在心情平靜以後才去就寢。」

獲得快樂心理的方法是什麼呢？最直接且最有效的辦法是矯正個人的想法，並努力培養心平氣和的心態。任何人無論在待人處世方面或個人的生活感受方面，都與本身的想法息息相關。

讓心靈留下一片空白要想有一個平和的心態，最重要的方法就是讓心靈留下一片空白。

通常，我總是這樣建議他人，盡量使自己的心靈呈現一片空白，一天至少兩次。而所謂心靈空白，主要是指將憂慮、憎惡、不安、罪惡的情緒澈底消除掉，做到神清氣平。

事實上，刻意地使心靈空白的確能有效地為人們帶來心安的感受。當人們將壓抑在心頭的煩惱傾吐一空，或暫拋腦後時，往往能體驗到解脫的快感。我有一項獨特的發現：能夠把心中煩惱向知心朋友傾吐的人，通常就是能夠把握快樂的人。

我在一次前往檀香山的旅程中，曾在「拉賴因」號輪船上舉辦過一場個人演講會。演講最後，我這樣建議道：「內心有煩惱的人，不妨走到船尾去，把煩惱的事一一說出來，然後把它們拋擲到茫茫的大海中，不再管它漂向何方，不再想它。」

這個建議乍聽起來或許仿若稚語，但是當晚卻有一個人跑來對我說：「我按照你的話去做了，結果覺得心中非常舒暢。這實在是件令人驚喜的事呀！」這人還繼續說道：「待在船上的這段時間裡，我天天在日落黃昏時刻把一切惱人的煩憂拋諸大海，直到自己覺得完全沒有一絲煩惱為止。同時我將日日注視著這些煩惱消失於時間的大海裡！」

當然，僅僅使心靈空白是不夠的，必須加進一些內容才可以。因為人的心靈不能永遠呈現空白，而毫無內涵；否則，曾經丟棄的消極想法極有可能又重新竄入你的思想之中。

因此，我們必須在心靈呈現空白的同時，立即注入富含健康快樂的想法，如此一來，那些負面的想法將無法再對你造成任何影響。久而久之，那些重新注入腦中的新想法將在你的思想中生長，而且能擊退任何負面想法，屆時你的心靈將永遠享有平和。

溫和的映像與聲音的療效

美好或溫暖的畫面也有助於淨化心靈。你每天抽出5～10分鐘，在頭腦中幻想這樣的景象：夕陽西下時分，美麗的晚霞襯映著翠綠的山巒，夕陽映照在湖面上，銀光閃閃，溫柔的白色浪花衝擊著細軟綿密的沙灘等等。諸如此類的平和畫面，能產生有如良藥般的神奇功效。

通常，當人們說出溫和話語時，行為必然也會自然地反映出溫和的態度，於是平和之心的力量也將從中孕育而生。因此，培養自己說話溫和的習慣，這也不失為一種有效的良方。你不妨一再重複那些具有激動性、積極有力的溫和話語，自然而然，你便能體會到其中的奧妙變化。相反，如果你不斷說出一些令人畏懼、恐慌的話語，你的心靈必將會逐漸進入神經過敏的狀態，甚至意志將不由自主地日益消沉，而這種情形也將對你的身體產生負面影響。

語言創造思考

不同的談話方式及語調也會使心靈產生不同的變化。有時當我們在言談之間傾向神經質般的感動或失常的表現時，往往會導致情緒上的反面影響。但若能經常保持積極的言談態度，則將帶來正面的影響。

當你發現自己在言談間有消極或失常傾向時，不妨警覺性地立刻加入正面及溫和的語調及內容。這些內容對於振奮精神、克制緊張情緒具有很大作用。譬如，早餐時消沉的談話即常常成為當天不愉快的情緒來源。其實，當你的言談一再傾向消沉或不吉利時，情況便可能趨向惡劣。因為言談會影響考慮的方向，進而引導行為。因此，在一天的開始，最好以平和的言談作為序幕，如此，相信在這一整天你將享有愉快的心情與感受，生活也必然趨向成功與充實。

以沉默和想像進行

休息每天至少抽出15分鐘作為個人沉默的時間。每日都堅持片刻的絕對沉默，對保持心態平和很有作用。你不妨選擇一個安靜的地方，在那裡或坐，或臥，或躺，安靜地享受屬於你個人的沉默時間，既不與人交談，也不讀寫任何東西，盡量摒除思慮，把你的心靈置於虛空的狀態中。這樣，雖有時難免會產生思緒紛亂的狀況，但只要你努力嘗試，終能使自己的心靈如同靜止的水面一般波紋不起。

緊跟著要做的是「傾聽」。通常，在沉默時聽到的聲音大多是諧和的、美麗的。這種情況正如湯瑪斯．卡萊爾所言：「沉默是形成自然、偉大之事的要素。」

噪音越來越嚴重地影響著我們的心靈平和。根據一項科學實驗結果顯示，人們若長期處在充滿噪音的環境中，其工作休息等效率均將明顯降低。如果沒有適度地調養生息，將使反面影響加大、加深。

此外，遠處的汽車喇叭聲，即使對於睡眠中的身體狀態也會構成負面影響。因為這些聲響會直接傳達至人體的神經組織，使肌肉細胞產生反應，而這種反應經常降低人們真正的休息程度。相反，沉默卻具有鎮靜情緒、健康身體的療效。事實上，從全部的沉默之中得到的休息，才可稱得上是完全的、真正的休息。在當今社會，想要爭得片刻的沉默安靜，實非易事。尤其是現在製造噪音的媒介普遍充斥，使得人們的居住空間與時間似乎永遠壓縮於緊張的狀態中。儘管如此，假使你有時能使自己的心思沉浸於祥和、美好的想像畫面中，也是很好的。在這種情況下，你心中原有的一些不高興，往往能因此而淡化，甚至可使心靈產生奧妙無比的變化。

創造並珍惜平和經驗的寶庫

有一次，我與一個和諧的家庭共同度過了一個難忘的夜晚。次日清晨，我們在別具一格的餐廳內共進早餐。這個餐廳最為別緻之處就在於它的四周牆壁分別掛有男主人童年生長地的鄉村景觀圖片。圖片中除了一一反映男主人的童年生活外，還有高低起伏的丘陵、暖陽照耀的山谷、漣漪蕩漾的小河……從圖片中令人彷彿感受到小河中的水在靜靜地流淌著，尤其在陽光之下更是閃閃發亮。清澈的水流越過岩石，在彎彎曲曲的徑道中曲折而行。河流旁邊則不規則地散落著許多小房子，而房子的中間聳立著外形如塔狀的高尖教堂。

用過早餐後，男主人欣然指著壁上的畫，對大家講起他從前的快樂回憶：

「我偶爾坐在餐廳中，看著壁上的畫，不禁置身於往事之中。譬如，想起小時候的我總愛赤著腳在小溪中走來走去，即使時日已遠，但我仍然清楚記得在我腳下的那些泥土是多麼的細軟純潔。夏天時，我們在小河邊釣魚；春天時節，我們則坐著木板從丘陵上一路滑下去。」

「在童年的記憶中，最令我難以忘懷的還有那個高高尖尖的教堂……」他臉上漾滿微笑繼續說著，「教堂裡時時會舉辦盛大的布道會。儘管當時我什麼也聽不懂，但還會靜靜坐著。」

「現在想來，這也不失為一段幸福的回憶。有時，當我累了或精神緊張時，我便坐在這裡安靜地觀賞教堂的畫。它讓我重回舊時那段純真無瑕的時光，它真的能帶給我平和的心靈！」

或許並非每個人都能擁有這般美麗的童年回憶，但是任何人卻都可以在自己的心中描繪這樣的圖畫，而圖畫中所呈現的必須是你生命中最美的回憶。不妨試著採用這個方法，使你的生活變得更為美麗吧！不論你是怎樣的忙碌、疲累，使用這個簡易而獨特的方法，必能為你的人生帶來光明與希望。

自責之心的後遺症

我發現，那些缺乏平和之心的人，往往都是自責過重的人。其實，只要他們存有寬恕之心，情況就會有所改觀。

事實上，這種類型的人多半認為自己應當受到懲罰，因此對於任何事均抱持不安感。存有這種心理，通常很難尋求平和之心。於是，如何從罪惡感的深淵中解放出來，便成為解決這個問題的根本之道。

曾有位醫生寫信告訴我他對這個問題的看法：根據他的實踐經驗與觀察發現，絕大多數精神病患者都是因為本身罪惡感作祟所引起的。此外，這些患者常會在無意識中憑著過量消耗體力的疲勞活動，來試圖彌補自己的罪惡感。

如此一來，就造成了一種後果，那就是病患者所遭遇到的挫敗及打擊，其主要原因反而不在於舊時的罪惡感，而多半在於後來非正常性的疲勞因素。同時這位醫生強調，假如這種類型的病患者能夠極力排除本身的罪惡感心態，將會避免變相的自我疲勞，或將遇挫的程度減至最低。

不要過度節儉

作家約瑟·比林斯有一句話非常經典，他說：「有些節儉是不合時宜的，比如忍著痛苦而節衣縮食就是一個例子。」

一個有錢人，他吝嗇到成了金錢的奴隸。他老是為了節省10美分而浪費大好光陰，他常把半頁未曾寫過字的信紙撕下來作為稿紙。他這種浪費寶貴時間而節省細小東西的做法，其實是得不償失的。他甚至把這種吝嗇精神帶到公司經營中。他對雇員們說，包紮時無論如何都要節約一些繩索，並把這一條作為公司的明文規定貼在牆上。哪怕因為這一條規定而浪費的時間要遠遠超過一繩一索的價值，他也在所不惜。像這一類的節省，實在不可取。

其實，真正的節儉並非吝嗇，而是經濟地、有效率地節省用度；並非一毛不拔，是用度適當，該省的省，不該省的再多也要用，不管是金錢或物質。

善於節儉的人與不善節儉的人是有區別的。那些不善節儉的人常常為節省1美分的東西而費去價值1美元的光陰。我從來沒有見過斤斤計較於一分一厘的人取得重大成功的。真正的成功是靠理智的頭腦、合理地做事取得的。

從廣義上講，節儉包含了深謀遠慮和權衡利弊的因素。最聰明的節省，有時反而需要奢侈的消費。比如做大生意使用的交際費，並不是一種浪費，而是一種大度的用法，是一種前期的投資。

事實上，慷慨大度經常有助於我們實現雄心。多方面收益，促使我們在社會階梯中穩步上升，這遠比把金錢存入銀行取得的價值更大。因此，欲成大業者，就應該做到深謀遠慮，切勿因吝嗇耽誤了自己的美好前程，使機遇與自己擦肩而過。

節儉是一種美好的品格，但若行之過度，反而會成為絆腳的石頭，達不到預期的效果。商人吝嗇得不肯多花資金來經營，農夫吝嗇得不肯在地裡多播種，都是有害無益的。俗話說：「種得少，收成也不會很多。」這是很有道理的。

有一個年輕的生意人，因為過度吝嗇導致了他的生意失敗。他的每一套衣服和每一條領帶，非到破舊不堪不肯拋棄；他從沒請自己的客戶吃過一頓飯；在旅行時即便與熟悉的客戶偶然相遇，也從不替客戶付一次旅費。於是，他落得個吝嗇鬼的名聲，後來竟沒有一個人再與他做生意。而他卻懵然不知使他蒙受極大損失的就是他過度節省的習慣。

還有一些人為了要節省些小錢，竟不惜以健康為代價。要想在職業上獲得成功，必須防止不正確的節省。不論怎樣貧窮，你可以在別的地方講節省，卻不可在食物上節省。因為食物是健康的基礎，也是成功的保證。

過分不當的節省常常會消耗人的體力和精力，剝奪人的健康。許多人身體患著疾病，但為了節省金錢竟不去求醫。這種節省的後果是，不但身體遭受痛苦，而且因為身體虛弱，沒有足夠的體力和精力投注於事業，最終庸碌一生。

凡是足以阻礙我們生命前進的，不論是疾病還是其他障礙物，我們都應不惜一切代價去診治、剷除，這是我們生命中最重要的事情。

記住：過度的節儉毫無好處，只會害了我們自己。

我終於找到了答案

德爾・休斯

1943年，我住進了新墨西哥州阿布奎基市一家軍隊醫院。我當時摔斷了3根肋骨，肺部被刺穿。事情發生在海軍陸戰隊登陸夏威夷島的演習時，我正準備由登陸艇跳下沙灘，一個大浪打來，登陸艇傾斜，把我摔落在海灘上。我跌下去時，感到斷了的肋骨刺入我的右肺。我在醫院住了3個月後，遭受了一生中最重大的打擊。醫生宣告我的病情毫無進展。經過多次慎重的思考之後，我發現我之所以好不起來，是因為我太過擔心了。我的日子一直過得很活躍。躺在醫院的這3個月，我一天24小時平躺著，什麼都不能做，只有胡思亂想。我想得越多，就越擔心，擔心我是否能恢復過去的日子。我更擔心是否會終生癱瘓，我還能不能結婚、過正常的生活。

我請醫生把我調到隔壁病房，那個病房號稱「鄉村俱樂部」，病人幾乎沒有不能做的事。在「鄉村俱樂部」中，我開始對橋牌感興趣，我花了6個星期學會這種遊戲，跟同房病人玩橋牌，研讀橋牌書籍。我幾乎每天晚上都打橋牌。

我還對油畫產生了興趣。我每天下午3點到5點跟一位老師學畫。我的畫好到你一看就知道我畫的是什麼。我也練習雕肥皂與木雕，並從研究此類書籍中得到了極大的樂趣。我保持忙碌，使自己沒有閒暇去煩心我的病情。我甚至還撥出時間閱讀紅十字會送我的心理學書籍。到了第三個月的最後一天，醫院的全體醫護人員來向我道賀，說我已有「驚人的進步」。這絕對是我這一生中所聽到的最美妙的語言，我開心得想大叫。我在此想說明的一點是：當我無所事事成天躺在床上，一心只擔憂自己的未來時，卻毫無進展。我的憂慮像一支不斷注射進身體的毒藥，連斷了的肋骨也無法癒合。但是，一旦我不再注意自己，而開始打橋牌、畫油畫、刻木雕時，醫生才宣告我有了「驚人的進步」。我現在過著正常而健康的生活，我的肺與常人無異。

請記住蕭伯納說的話：「人生最大的不幸，是有餘暇去顧慮自己過得是否幸福。」

電子書購買

國家圖書館出版品預行編目資料

人性的優點：當你懂得欣賞別人，你才真正高人一等 / [美] 戴爾 . 卡內基 著 ; 趙雅筑 編譯 . -- 第一版 . -- 臺北市 : 崧燁文化 , 2021.5
面 ;　公分
ISBN 978-986-516-543-7(平裝)

1. 人際關係 2. 成功法 3. 生活指導
177.3　　109019272

人性的優點：當你懂得欣賞別人，你才真正高人一等

作　　者：[美] 戴爾 . 卡內基
編　　譯：趙雅筑
發 行 人：黃振庭
出 版 者：崧燁文化事業有限公司
發 行 者：崧燁文化事業有限公司

E-mail：sonbookservice@gmail.com
粉 絲 頁：https://www.facebook.com/sonbookss/
網　　址：https://sonbook.net/
地　　址：台北市中正區重慶南路一段六十一號八樓 815 室
Rm. 815, 8F., No.61, Sec. 1, Chongqing S. Rd., Zhongzheng Dist., Taipei City 100, Taiwan (R.O.C)
電　　話：(02)2370-3310　　　傳　　真：(02) 2388-1990

印　　刷：京峯彩色印刷有限公司（京峰數位）

定　　價：320 元
發行日期： 2021 年 5 月第一版

臉書　　蝦皮賣場